NICOLAS DARVAS

Wie ich 2.000.000 Dollar am Aktienmarkt verdiente

Dieses eBook wurde mit StreetLib Write (https://writeapp.io) erstellt.

Index

KAPITEL 1. KANADISCHER ZEITRAUM

Es war im November 1952. Ich trat gerade in Manhattans "Latin Quarter" in New York auf, als mein Agent anrief¬. Er hatte ein Angebot für mich und meine Tanzpartnerin Julia erhalten, in einem Nachtclub in Toronto aufzutreten. Der ¬Club gehörte den Zwillingsbrüdern Al und Harry Smith, die mir ein sehr ungewöhnliches Angebot machten. Sie boten mir an, mich mit Aktien statt mit Geld zu bezahlen. Ich habe schon einige seltsame Erfahrungen im Showgeschäft gemacht, aber das war etwas Neues.

Ich stellte weitere Nachforschungen an und erfuhr, dass sie bereit waren, mir 6.000 Aktien eines Unternehmens namens Brilund zu geben. Dies war ein kanadisches Bergbauunternehmen, an dem sie interessiert waren. Die Aktie wurde damals mit 50 Cent pro Stück notiert.

Ich wusste, dass Aktien steigen und fallen - das war so ziemlich alles, was ich wusste. Also fragte ich die Smith-Brüder, ob sie mir folgende Garantie geben würden: Wenn die Aktie unter 50 Cent fallen würde, würden sie die Differenz ausgleichen. Sie erklärten sich bereit, dies für einen Zeitraum von sechs Monaten zu tun.

Leider konnte ich diesen Termin in Toronto nicht einhalten. Ich hatte ein schlechtes Gewissen, weil ich die Brüder im Stich gelassen hatte, und bot ihnen als Geste an, die Aktien zu kaufen. Ich schickte ihnen einen Scheck über 3.000 Dollar und erhielt dafür 6.000 Aktien von Brilund.

Ich dachte nicht weiter darüber nach, bis ich eines Tages, zwei Monate später, einen Blick auf den Kurs der Aktie in der Zeitung warf. Ich richtete mich in meinem Stuhl auf. Meine 50-Cent-Brilund-Aktie wurde mit 1,90 Dollar notiert. Ich verkaufte sie sofort und machte einen Gewinn von fast 8.000 Dollar.

Zuerst konnte ich es nicht glauben. Es war wie Magie für mich. Ich fühlte mich wie der Mann, der zum ersten Mal zum Pferderennen ging und mit dem Glück des Anfängers auf jeden Gewinner setzte. Als er seinen Gewinn einlöste, fragte er einfach nach: "Wie lange geht das schon so?"

Ich beschloss, dass ich mein ganzes Leben lang eine gute Sache verpasst hatte. Ich fasste den Entschluss, an die Börse zu gehen. Ich habe diese Entscheidung nie bereut, aber ich wusste nicht, auf welche Probleme ich in diesem unbekannten Dschungel stoßen würde.

Ich wusste absolut nichts über den Aktienmarkt. Ich wusste zum Beispiel nicht einmal, dass es eine Börse in New York gab. Alles, wovon ich gehört hatte, waren kanadische Aktien, insbesondere Bergbauaktien. Da sie mir sehr gut bekommen waren, war es natürlich das Klügste, bei ihnen zu bleiben.

Aber wie fängt man an? Wie findet man heraus, welche Aktien man kaufen sollte? Man kann sie nicht mit einer Nadel herauspicken. Man muss Informationen haben. Das war mein Hauptproblem: wie man sie beschaffen kann. Heute ist mir klar, dass dies für den Normalbürger eigentlich unmöglich ist, aber damals dachte ich, ich müsste nur genügend Leute fragen, um das große Geheimnis zu erfahren. Ich dachte, wenn ich nur oft genug fragen würde, würde ich die Bekanntschaft von Leuten machen, die Bescheid wissen. Ich fragte jeden, den ich traf, ob er Informationen über die Börse hatte. Ich arbeite in Nachtclubs und treffe reiche Leute. Reiche Leute müssen es wissen.

Also habe ich sie gefragt. Die Frage lag mir immer auf den Lippen: *Kennst du eine gute Aktie?" Merkwürdigerweise schien jeder eine zu kennen. Das war überraschend. Offenbar war ich der einzige Mann in Amerika, der keine eigenen ¬Börseninformationen aus erster Hand hatte¬. Ich hörte eifrig zu, was sie zu sagen hatten, und befolgte ihre Tipps mit Hingabe. Was auch immer mir zum Kauf empfohlen wurde, ich kaufte es. Es dauerte lange, bis ¬ich herausfand, dass dies eine Methode ist, die niemals funktioniert.

Ich war das perfekte Muster des optimistischen, ahnungslosen Kleinanlegers, der immer wieder in den Markt ein- und aussteigt. Ich kaufte Aktien von Unternehmen, deren Namen ich nicht aussprechen konnte. Was sie taten und woher sie kamen, wusste ich nicht. Jemand ¬erzählte es jemandem, der es mir erzählte. Es hätte keinen unbedarfteren, unwissenden Käufer geben können als mich. Ich wusste nur, was der letzte Oberkellner in dem letzten Nachtclub, in dem ich aufgetreten war, mir gesagt hatte, dass es gut sei.

Zu Beginn des Jahres 1953 trat ich in Toronto auf. Aufgrund meines ersten außergewöhnlichen 8.000-Dollar-Gewinns mit Brilund war Kanada für mich das Land, in dem finanziell Milch und Honig flossen, und so beschloss ich, dass dies ein guter Ort war, um nach einem "heißen Tipp" zu suchen. Ich fragte mehrere Leute, ob sie einen guten, zuverlässigen Broker kannten, und schließlich wurde mir einer empfohlen.

Ich muss zugeben, dass ich erschrocken und enttäuscht war, als ich sein Büro fand. Es war ein winziger, schmuddeliger, gefängnisartiger Raum voller Bücher, mit seltsamen Kritzeleien an den Wänden. Später fand ich heraus, dass man das "Tabellen" nennt. Es roch nicht gerade nach Erfolg oder Effizienz. An einem Rolltop-Schreibtisch saß ein fleißiger kleiner Mann, der ¬über Statistiken und Büchern brütete. Als ich ihn fragte, ob er eine gute Aktie kenne, reagierte er sofort.

Er lächelte und zog einen Dividendenscheck aus seiner Tasche¬, auf dem der Name eines berühmten Goldunternehmens, kerr-addison, stand.

Er stand auf und sagte: "Mein Freund, sieh dir das gut an. Dieser Dividendenscheck ist das Fünffache dessen wert, was mein Vater für die ursprünglichen Aktien bezahlt hat. Das ist die Art von Aktie, nach der jeder sucht."

Eine Dividende, die fünfmal so hoch ist wie der Preis der ursprünglichen Aktie! Das erregte mich wie jeden anderen Mann auch. Die Dividende betrug 80 Cent, also muss sein Vater nur 16 Cent für die Aktie bezahlt haben. Das sah für mich wunderschön aus. Ich wusste nicht, dass er die Aktien seines Vaters wahrscheinlich schon seit fünfunddreißig Jahren besaß.

Der kleine Mann beschrieb mir, wie er seit Jahren nach dieser Art von Aktien gesucht hatte. Angesichts des Erfolgs seines Vaters war er der Meinung, dass die Antwort in den Goldminen liegen müsse. Er vertraute mir an, dass er sie endlich gefunden hatte. Sie hieß Ostmalartik. Auf der Grundlage seiner Produktionszahlen, Schätzungen und Finanzinformationen rechnete er damit, dass diese Goldminen das Doppelte ihrer derzeitigen Goldproduktion fördern könnten, so dass fünf Dollar, die in ihre Aktien investiert würden, bald zehn Dollar wert sein würden.

Aufgrund dieser gelehrten Information kaufte ich sofort 1.000 Aktien von Eastern Malartic zu 290 Cents. Ich beobachtete besorgt, wie der Kurs auf 270 Cents und dann auf 260 Cents fiel. Innerhalb weniger Wochen sank der Kurs auf 241 Cents, und ich verkaufte meine Aktien in aller Eile. Ich beschloss, dass dieser akribische, statistisch denkende Makler nicht die Antwort darauf hatte, wie man ein Vermögen machen konnte.

Dennoch faszinierte mich die ganze Sache weiterhin. Ich befolgte weiterhin ¬jeden Tipp, aber ich verdiente nur selten Geld. Und wenn, dann wurde das ¬sofort durch meine Verluste ausgeglichen.

Ich war ein solcher Anfänger, dass ich nicht einmal etwas von Maklerprovisionen und Übertragungssteuern verstand. Zum Beispiel kaufte ich im Januar 1953 Kayrand-Minen. Es war eine 10-Cent-Aktie, und ich kaufte 10.000 Aktien.

Ich beobachtete den Markt wie eine Katze, und als Kayrand am nächsten Tag auf 11 Cents pro Aktie fiel, rief ich meinen Makler an und sagte ihm, er solle verkaufen. Nach meiner Rechnung hatte ich in 24 Stunden 100 Dollar verdient, und ich dachte, ich sei schlau, indem ich einen schnellen kleinen Gewinn mitnahm.

Als ich wieder mit meinem Makler sprach, sagte er: "Warum haben Sie ¬sich entschieden, einen Verlust zu machen?" - "Einen Verlust?" Ich hatte hundert Dollar verdient!

Er erklärte mir behutsam, dass die Maklerprovision für den Kauf von 10.000 Aktien 50 Dollar betrug und für den Wiederverkauf der Aktien am nächsten Tag weitere 50 Dollar. Außerdem fielen beim Verkauf Übertragungssteuern an.

Kayrand war nur eine der vielen merkwürdigen Aktien, die ich zu dieser Zeit besaß. Andere waren Mogul Mines, Consolidated

Sud-BURY BASIN MINES, QUEBEC SMELTING, REXSPAR, JAYE EXPLORATION¬. Ich habe mit keiner von ihnen Geld verdient.

Und doch verbrachte ich ein glückliches Jahr auf diesem kanadischen Markt und kaufte und verkaufte. Ich fühlte mich wie ein erfolgreicher Geschäftsmann, wie ein großer Börsianer. Ich sprang in den Markt hinein und wieder heraus wie eine Heuschrecke. Ich war begeistert, wenn ich zwei Punkte erreichte. Ich besaß oft 25 bis 30 Aktien auf einmal, alle in kleinen Paketen.

Für einige von ihnen habe ich eine besondere Vorliebe entwickelt. Dies geschah aus unterschiedlichen Gründen. Manchmal, weil sie mir von einem guten Freund geschenkt wurden, ein anderes Mal, weil ich damit angefangen hatte, Geld zu verdienen. Das führte dazu, dass ich diese Aktien mehr bevorzugte als andere, und bevor ich wusste, was ich tat, hatte ich angefangen, "Haustiere" zu halten.

Ich betrachtete sie als etwas, das zu mir gehörte, wie ¬Mitglieder meiner Familie. Ich lobte ihre Tugenden Tag und Nacht. Ich sprach über sie, wie man über seine Kinder spricht. Es störte mich nicht, dass niemand sonst eine besondere Tugend in meinen Haustieraktien sehen konnte, die sie von anderen Aktien unterschied. Dieser Zustand hielt an, bis ich merkte, dass meine Lieblingsaktien mir die größten Verluste einbrachten.

Nach ein paar Monaten sah meine Transaktionsbilanz aus wie die einer kleinen Wertpapierbörse. Ich hatte das Gefühl, dass es mir gut ging. Ich schien die Nase vorn zu haben. Hätte ich meine Kontoauszüge sorgfältig studiert, wäre ich nicht so glücklich gewesen. Ich hätte erkannt, dass ich mich wie ein Pferdespieler von kleinen Gewinnen beflügeln und begeistern ließ und meine Verluste übersah. Ich ignorierte völlig die Tatsache, dass ich eine Menge Aktien hielt, die weit unter dem Preis lagen, den ich für sie bezahlt hatte, und es sah so aus, als ob sie dort bleiben würden.

Es war eine Zeit des wilden, törichten Glücksspiels, in der ich mich nicht darum bemühte, die Gründe für meine Transaktionen zu finden. Ich folgte "Ahnungen". Ich hielt mich an gottgesandte Namen, Gerüchte über Uranfunde, Ölfunde, ¬alles, was man mir erzählte. Bei ständigen Verlusten gab mir ein gelegentlicher kleiner Gewinn Hoffnung, wie die Karotte vor der Nase des Esels.

Eines Tages, nachdem ich etwa sieben Monate lang gekauft und verkauft hatte, beschloss ich, meine Bücher zu prüfen. Als ich die Werte der schlechten Aktien, die ich hielt, zusammenzählte, stellte ich fest, dass ich fast 3.000 Dollar verloren hatte.

An diesem Tag begann ich zu ahnen, dass ¬mit meinem Plan, Geld zu verdienen, etwas nicht stimmte. Ein Geist in meinem Hinterkopf begann mir zu flüstern, dass ich in Wirklichkeit keine Ahnung hatte, was ich da tat.

Dennoch war ich immer noch im Vorteil. Ich tröstete mich damit, dass ich die 3.000 Dollar, die ich ursprünglich für Brilund bezahlt hatte, nicht angerührt hatte, und dass ich außerdem noch etwa 5.000 Dollar von meinem Gewinn aus dieser Transaktion hatte. Aber wenn ich so weitermachte, wie lange würde ich es noch behalten?

Hier ist nur eine Seite aus meiner Gewinn- und Verlustrechnung. Sie erzählt die ganze traurige Geschichte der Niederlage in einem Mikrokosmos.

OLD SMOKY GAS & OILS Gekauft zu 19 Cents Verkauft zu 10 Cents

KAYRAND MINES Gekauft zu 12 Cents Verkauft zu 8 Cents

QUEBEC SMELTING & REFINING Gekauft zu 22 Cents Verkauft zu 14 Cents

Besessen von meinen Zuckerbrot-vor-die-Nase-Gewinnen, hatte ich nicht bemerkt, dass ich durchschnittlich hundert Dollar pro Woche verlor.

Es war mein erstes Börsendilemma. In den ¬nächsten sechs Jahren hatte der Markt ¬noch einige schwerwiegendere Dilemmas für mich auf Lager, aber dieses war in gewisser Weise das schlimmste. Von meiner Entscheidung zu diesem Zeitpunkt hing es ab, ob ich weiterhin an der Börse tätig sein würde.

Ich beschloss, zu bleiben und es noch einmal zu versuchen.

Das nächste Problem war, was zu tun war. Es muss einen anderen Weg geben. Könnte ich meinen Ansatz verbessern? Es war mir bewiesen worden, dass es falsch war, auf die Kunden der Nachtclubs, die Oberkellner und die Bühnenarbeiter zu hören. Sie waren nur Amateure wie ich, und so selbstbewusst sie auch ihre Tipps gaben, sie wussten nicht mehr als ich.

Ich starrte Seite für Seite auf meine Maklerauszüge, auf denen stand: Gekauft 90 Cents, verkauft 82 ... Gekauft 65 Cent, verkauft 48...

Wer könnte mir helfen, die Geheimnisse des ¬Aktienmarktes zu entdecken¬? Ich hatte begonnen, kanadische Finanzpublikationen und kanadische Aktientabellen zu lesen. Ich hatte begonnen, immer öfter einen Blick in Beratungsblätter zu werfen, die Tipps zu den an der Börse von Toronto notierten Aktien gaben.

Ich hatte bereits beschlossen, dass ich, wenn ich weitermachen wollte, professionelle Hilfe brauchen würde, also abonnierte ich einige Beratungsdienste, die finanzielle Informationen gaben. Schließlich, so überlegte ich, waren dies die Experten. Ich würde ihren professionellen Rat befolgen und nicht mehr ¬auf den einen oder anderen Tipp eines Fremden oder eines Amateur-Aktienanlegers wie mir hin Aktien kaufen. Wenn ich ihre fachkundigen und vernünftigen Ratschläge befolgte, musste ich erfolgreich sein.

Es gab Finanzberatungsdienste, die ein Probeabonnement von vier Exemplaren ihrer Informationsblätter für einen Dollar anboten. Sie konnten diese als Goodwill-Probe haben, bevor Sie ernsthaft begannen, ihre wertvolle Dienstleistung zu kaufen.

Ich habe rund ein Dutzend Dollar für Probeabonnements hingelegt und die mir zugesandten Blätter eifrig gelesen.

In New York gibt es seriöse Finanzdienstleister, aber die kanadischen Papiere, die ich gekauft habe, waren ausschließlich für den Schwarzmarkt bestimmt. Woher sollte ich das wissen? Diese Finanzratgeber haben mich begeistert und aufgeregt. Sie ließen Börsenspekulationen so dringend und einfach erscheinen.

Sie kamen mit großen Schlagzeilen heraus, die besagten:

"Kaufen Sie diese Aktie jetzt, bevor es zu spät ist! "Kaufen Sie unter Ausschöpfung Ihrer Möglichkeiten!"

"Wenn Ihr Makler Ihnen davon abrät, werden Sie Ihren Makler los!

"Diese Aktie wird Ihnen einen Gewinn von 100 % oder mehr bringen!"

Das wirkte natürlich wie eine echte, brandaktuelle Information. Das war viel authentischer als der eine oder andere Tipp, den man in einem Restaurant aufgeschnappt hatte.

Ich las diese Werbeblätter eifrig. Sie waren immer mit viel Selbstlosigkeit und brüderlicher Liebe gefüllt. Auf einem von ihnen stand: "

Zum ersten Mal in der Geschichte des kanadischen Finanzwesens wird der kleine Mann die fantastische Gelegenheit haben, im Erdgeschoss einer brillanten neuen ¬Entwicklung einzusteigen¬.

"Die Plutokraten der Wall Street haben versucht, alle Aktien unseres Unternehmens zu erwerben, aber in klarer Ablehnung der bösen Traditionen sind wir nur an der -Beteiligung von Investoren mit bescheidenen Mitteln interessiert¬. Leute wie Sie. ... "

Aber das war ich! Sie verstanden meine Position genau. Ich war der typische kleine Kerl, den man bemitleidet, weil er von den Plutokraten der Wall Street herumgeschubst wird. Man hätte mich nur wegen meiner Dummheit bemitleiden sollen.

Ich eilte zum Telefon, um die von ihnen ¬empfohlenen Aktien zu kaufen¬. Sie fielen ausnahmslos. Ich konnte das ¬nicht verstehen, aber ich war nicht im Geringsten beunruhigt. Sie mussten wissen, wovon sie sprachen. Die nächste Aktie musste steigen. Das tat sie selten.

Ich wusste es nicht, aber ich stieß bereits auf eine der großen Fallstricke für den kleinen Marktteilnehmer - das fast unlösbare Problem, wann man in den Markt einsteigen sollte. Diese plötzlichen Kurseinbrüche ¬unmittelbar nach der Investition sind eines der -rätselhaftesten Phänomene, mit denen der Laie konfrontiert wird. Es hat Jahre gedauert, bis ich erkannte, dass, wenn diese Finanztipster dem kleinen Marktteilnehmer raten, eine Aktie zu kaufen, die Profis, die die Aktie viel früher aufgrund von Insiderinformationen gekauft haben, verkaufen.

Gleichzeitig mit dem Abzug des Insider-Geldes kommt das kleine Sauger-Geld herein. Sie sind nicht die Ersten mit den meisten, sondern die Letzten mit den wenigsten. Sie kommen viel zu spät, und ihr Geld ist immer zu klein, um die Aktie auf ihrem falschen Höchststand zu stützen, sobald die Profis raus sind.

Heute weiß ich das, aber damals hatte ich keine Ahnung, warum sich die Aktien so verhielten. Ich dachte, es sei einfach Pech, dass sie fielen, nachdem ich sie gekauft hatte. Wenn ich zurückblicke, weiß ich, dass ich in dieser Zeit bereit war, alles zu verlieren, was ich hatte.

Wenn ich $100 investierte, verlor ich fast immer $20 oder $30 auf einmal. Aber ein paar Aktien stiegen, und ich war vergleichsweise glücklich.

Selbst als ich nach New York gehen musste, gab ich meine Aufträge telefonisch an Broker in Toronto weiter.

Ich tat das, weil ich nicht einmal wusste, dass man über einen New Yorker Makler kanadische Börsengeschäfte abwickeln konnte. Die Makler in Toronto gaben telefonisch Tipps, und ich kaufte immer die Aktien, die sie oder die kanadischen Finanzberatungsdienste ¬vorschlugen. Wie alle kleinen Marktteilnehmer, die auf der Stelle treten, führte ich meine Verluste auf Pech zurück. Ich wusste - ich war mir sicher -, dass ich eines Tages viel Glück haben würde. Ich lag nicht die ganze Zeit falsch - in mancher Hinsicht wäre es besser gewesen, wenn ich es getan hätte. Ab und zu habe ich ein paar Dollar verdient. Es war immer ein kompletter Zufall.

Hier ist ein Beispiel. Die kanadischen Aktientabellen waren für mich zur Pflichtlektüre geworden. Als ich sie eines Tages durchblätterte, sah ich eine Aktie namens Calder Bousquet. Ich weiß immer noch nicht, was es war oder was das Unternehmen herstellt. Aber es war so ein schöner Name. Er gefiel mir, und so kaufte ich 5.000 Aktien zu 18 Cents für insgesamt 900 Dollar.

Dann musste ich zu einem Tanz-Engagement nach Madrid fliegen. Als ich einen Monat später zurückkam, schlug ich die Zeitung auf und suchte den Namen. Er war auf 36 Cent gestiegen. Das war das Doppelte des Preises, den ich bezahlt hatte. Ich verkaufte sie - und machte 900 Dollar. Das war einfach blindes Glück.

Das war doppeltes Glück, denn die Aktie war nicht nur ohne Grund gestiegen, sondern wenn ich nicht in Spanien getanzt hätte, hätte ich sie sicherlich verkauft, als sie auf 22 Cent stieg. Während meines Aufenthalts in Spanien konnte ich keine kanadischen Aktienkurse abrufen, so dass ich in seliger Unwissenheit über die Entwicklung der Aktie vor einem zu frühen Verkauf bewahrt wurde.

Das war eine seltsame, verrückte Zeit, aber das erscheint nur im Rückblick so¬. ¬Zu dieser Zeit hatte ich das Gefühl, dass ich wirklich anfing, ein großer Unternehmer zu werden. Ich war stolz auf mich, denn ich arbeitete auf der

Grundlage von Tipps, die fundierter waren als die meines früheren Oberkellners und der ¬Informationen aus der Garderobe¬. -Meine kanadischen Makler riefen mich an, mein ¬Finanzdienstleister beriet mich, und wenn ich einen Tipp ¬bekam, hatte ich das Gefühl, dass ich ihn von der Quelle bekam. Ich pflegte mehr und mehr die Gesellschaft von wohlhabenden Geschäftsleuten in Cocktail-Lounges, die mir von Ölgesellschaften erzählten, die auf dem besten Weg waren, reich zu werden. Sie flüsterten mir zu, wo es in Alaska Uran gibt; sie erzählten mir von sensationellen ¬Entwicklungen in Quebec. All dies garantierte ein großes Vermögen in der Zukunft, wenn man nur jetzt in die Aktien einsteigen würde. Das tat ich, aber sie brachten mir kein Geld ein.

Ende 1953, als ich nach New York zurückkehrte, waren meine 11.000 Dollar auf 5.800 Dollar gesunken. Wieder einmal musste ich meine Position überdenken. Die Tipps der Geschäftsleute brachten nicht das Eldorado, das ¬sie versprachen. Die Beratungsdienste lieferten nicht die Informationen, mit denen man an der Börse Geld verdienen kann. Ihre Aktien tendierten viel mehr nach unten als nach oben. Für einige meiner kanadischen Aktien konnte ich in den New Yorker Zeitungen keine Kurse finden, aber Aktienkurse faszinierten mich so sehr, dass ich begann, die Finanzspalten in Zeitungen wie der New York Times, der New York Herald Tribune und dem Wall Street Journal zu ¬lesen. Ich kaufte keine der Aktien, die an den New Yorker Börsen notiert waren, aber ich erinnere mich noch gut an ¬die schönen Namen einiger Aktien und an die Anziehungskraft einiger mysteriöser Ausdrücke wie "over the counter".

Je mehr ich las, desto größer wurde mein Interesse für den New Yorker Markt. Ich beschloss, alle meine kanadischen Aktien zu verkaufen, mit Ausnahme der alten Smoky Gas & Oils - und diese behielt ich, weil der Mann, der mir die Aktien ursprünglich geschenkt hatte, mir sagte, dass ¬fantastische Entwicklungen zu erwarten seien. Wie üblich fanden keine fantastischen ¬Entwicklungen statt, und nach fünf Monaten in New York gab ich den ungleichen Kampf auf. Ich verkaufte meine letzten kanadischen Aktien, die ich für 19 Cents gekauft hatte, für 10 Cents. In der Zwischenzeit hatte ich mich gefragt, ob der größere Dschungel näher an der Heimat, die New Yorker Börse, nicht leichter anzugreifen wäre. Ich rief einen befreundeten New Yorker Theateragenten, Eddie Elkort, an und fragte ihn, ob er einen New Yorker Makler kenne. Er nannte mir den Namen eines Mannes, den ich Lou Keller nennen werde.

KAPITEL 2. DER EINSTIEG IN DIE WALL STREET

Ich rief Lou Keller an. Ich sagte ihm, wer ich war und was ich wollte. Am nächsten Tag schickte er mir einige Papiere zur Unterschrift und teilte mir mit, dass ich, sobald ich sie mit einer Anzahlung zurückschicke, ein Konto bei seiner Maklerfirma erhalten würde. Als ich ¬seine Mitteilung erhielt, geschah etwas mit mir. Plötzlich hatte ich das Gefühl, dass ich Teil der Finanzszene wurde. Ich kann die Wall Street nicht beschreiben, weil ich nie dort gewesen bin, aber schon ihr Name hatte eine fast mystische Anziehungskraft auf mich.

Hier sollte alles ernst und anders werden. Ich betrachtete meine kanadische Einführungszeit nun als reines verrücktes Glücksspiel¬, das ich nie wiederholen würde.

Als ich die langen grauen Spalten der Börsennotierungen ¬in den New Yorker Zeitungen studierte¬, spürte ich, dass ein neuer und erfolgreicher Abschnitt in meinem Leben bevorstand. Dies war nicht wie der wilde. kanadischen Markt mit seinen schnellen Hinweisen auf Goldvorkommen und Uranfelder. Dies war ein verantwortungsvolles Geschäft, die Straße der Bankpräsidenten und großen Industriekonzerne, und ich bereitete mich darauf vor, sie mit der nötigen Ehrfurcht zu betreten.

Ich hatte die Absicht, einen viel vorsichtigeren und reiferen ¬Ansatz für den Aktienmarkt zu wählen. Ich zählte mein Vermögen auf, um zu sehen, womit ich arbeiten konnte. Ich war ¬auf dem kanadischen Markt mit 11.000 $ gestartet - meine ursprüngliche Anfangsinvestition von 3.000 $ und einem Gewinn von 8.000 $. In den vierzehn Monaten, in denen ich in Kanada tätig war, hatte sich dieser Betrag um 5.200 $ verringert. Von dem Startkapital blieben mir nur noch 5.800 $.

Das schien mir nicht genug Geld zu sein, um mich an die Wall Street zu wenden, also beschloss ich, den Betrag aufzustocken. Mit den Ersparnissen aus meinem Showgeschäft erhöhte ich meinen Einsatz auf 10.000 Dollar. Das war eine gute runde Zahl, und ich hinterlegte diese Summe beim Makler.

Dann beschloss ich eines Tages, mit dem Handel zu beginnen. Ich rief Lou Keller an und fragte ihn ganz nonchalant, als wäre er ein alter Hase im Finanzgeschäft, was gut sei.

Mir ist jetzt klar, dass diese Anfrage eher für einen Metzger geeignet war, aber Herr Keller war ihr gewachsen. Er schlug mehrere "sichere Aktien" vor. Er nannte mir auch die wesentlichen Gründe, warum diese Aktien "sicher" waren. Ich verstand zwar nichts, hörte mir aber aufmerksam Erklärungen wie Dividendenerhöhung, Aktiensplits, verbesserte -Erträge an¬. Das war für mich der beste professionelle Rat. Dieser Mann verdiente seinen Lebensunterhalt an der Wall Street, also wusste er offensichtlich Bescheid. ¬Außerdem hat ¬er nur "vorgeschlagen". Er betonte, dass die Entscheidung "bei mir" läge. Das gab mir das Gefühl, wichtig zu sein und das Sagen zu haben.

Als eine oder zwei der Aktien, die er mir gab, fast sofort um ein paar Punkte stiegen, hatte ich keinen Zweifel an der Qualität der Informationen, die ich erhielt, und an meiner natürlichen Fähigkeit als Börsianer, darauf zu reagieren. Was ich nicht wusste, war, dass ich mich praktisch mitten in der größten Hausse befand, die die Welt je gesehen hatte, und es war ziemlich schwierig, wenn man nicht extremes Pech hatte, nicht von Zeit zu Zeit einen kleinen Papiergewinn zu erzielen.

Hier sind drei typische aufeinanderfolgende Geschäfte, die ich Anfang 1954 abschloss - Geschäfte, die mich davon überzeugten, dass ich ein Naturtalent an der Wall Street war. In dieser Tabelle, wie auch in allen folgenden Tabellen in diesem Buch, habe ich Provisionen und Steuern berücksichtigt.

200 KOLUMBIEN-BILDER

Gekauft bei
20 ($4,050.00)

Verkauft zu
22⅞ ($4,513.42)

Gewinn
$ 463.42

200 NORDAMERIKANISCHE LUFTFAHRT

Gekauft bei
24¼ ($4,904.26)

Verkauft zu
26⅞ ($5,309.89)

Gewinn
$ 405.63

100 KIMBERLY-CLARK

Gekauft bei
53½ ($5,390.35)

Verkauft zu
59 ($5,854.68)

Gewinn
$ 464.33

Gesamtgewinn
$1,333.38

Sie werden feststellen, dass ich mit jeder dieser Transaktionen etwas mehr als 400 $ verdient habe. Das war keine große Summe, aber drei Gewinne hintereinander in Höhe von 1.333,38 $ in nur wenigen Wochen gaben mir das Gefühl, dass es sich um reibungslose, einfache Transaktionen handelte und ich die Kontrolle hatte.

Das Gefühl, an der Wall Street mit Gewinn zu arbeiten, gepaart mit einer natürlichen Ehrfurcht vor diesem Ort, machte mich töricht glücklich. Ich hatte das Gefühl, meinen kanadischen Amateurstatus zu verlieren und Mitglied eines inneren Kreises zu werden. Ich merkte nicht, dass sich meine Methode nicht verbessert hatte, sondern dass ich sie nur mit hochtrabenden Worten umschrieb. So betrachtete ich beispielsweise die Ratschläge des Maklers nicht mehr als Tipps, sondern als "Informationen". Was mich betraf, so hatte ich aufgehört, auf Tipps zu hören, und erhielt stattdessen authentische Nachrichten, die auf stichhaltigen wirtschaftlichen Beweisen beruhten.

Das Boot segelte fröhlich dahin. Hier sind einige meiner ¬Transaktionen im April und Mai 1954:

Gekauft

Verkauft

NATIONALES KONTINUUM

11

12⅜

DREIKONTINENTALE OPTIONSSCHEINE

5⅛

6

ALLIS-CHALMERS

50¾

54⅞

BUCYRUS-ERIE

24¾

26¾

ALLGEMEINE DYNAMIK

43½

47¼

MESTA-MASCHINE

32

34

UNIVERSELLE BILDER

19⅝

22¾

Profite, Profite, Profite. Meine Zuversicht war auf dem Höhepunkt. Dies war eindeutig nicht Kanada. Hier wurde alles, was ich anfasste, zu Gold. Ende Mai waren meine 10.000 Dollar auf 14.600 Dollar angewachsen.

Gelegentliche Rückschläge haben mich nicht gestört. Ich betrachtete sie als kleine, unvermeidliche Verzögerungen auf dem Weg zum Wohlstand. Außerdem lobte ich mich selbst, wenn ein Geschäft erfolgreich war; wenn ich verlor, schob ich es auf den Broker.

Ich handelte ständig weiter. Ich rief meinen Broker manchmal zwanzig Mal am Tag an. Wenn ich nicht mindestens eine Transaktion pro Tag tätigte, hatte ich das Gefühl, dass ich meine Rolle auf dem Markt nicht erfüllte. Wenn ich eine neue Aktie sah, wollte ich sie haben. Ich griff nach neuen Aktien wie ein Kind nach neuem Spielzeug.

Diese Transaktionen, an denen ich um Juli 1954 an der Wall Street beteiligt war, zeigen, wie viel Energie ich für sehr geringe Erträge aufgewandt habe:

200 AMERIKANISCHER RUNDFUNK-PARAMOUNT

Gekauft
100 zu 16⅞ (1.709,38 $)
100 zu 17½ ($1.772,50)

Verkauft zu
17⅞ ($3,523.06)

Gewinn
$41.18

100 NEW YORK CENTRAL

Gekauft bei
21½ ($2,175.75)

Verkauft zu
22½ ($2,213.70)

Gewinn
$37.95

100 FEUERFEST ALLGEMEIN

Gekauft bei
24¾ ($2,502.38)

Verkauft zu
24¾ ($2,442.97)

Verlust
$59.41

100 AMERIKANISCHE FLUGGESELLSCHAFTEN

Gekauft bei
14¾ ($1,494.75)

Verkauft zu
15 ($1,476.92)

Verlust
$17.83

Gesamtgewinn
$79.13

Totalverlust
$77.24

Mein Nettogewinn bei diesen Transaktionen betrug 1,89 $. Der Einzige, der sich darüber freuen konnte, war mein Broker. Nach den Regeln der New Yorker Börse belief sich seine Provision für diese zehn Transaktionen auf 236,65 $. In meinem Gewinn von 1,89 $ waren übrigens die Kosten für meine Telefonate nicht enthalten.

Trotzdem hat mich nur eine Sache wirklich gestört. Die Hälfte der Worte, die mein Broker über den Aktienmarkt verwendete, verstand ich nicht. Da ich meine Unwissenheit nicht zur Schau stellen wollte, beschloss ich, mich über das Thema zu informieren. Zusätzlich zu den Finanzspalten in den New Yorker Tageszeitungen begann ich, Bücher über die Börse zu lesen, um mich auf seinem Niveau unterhalten zu können.

Langsam lernte ich eine Reihe neuer Wörter kennen und versuchte immer wieder, sie zu verwenden. Ich war fasziniert von Begriffen wie Gewinn, Dividende, Kapitalisierung. Ich lernte, dass "Gewinn pro Aktie" "der Nettogewinn des Unternehmens geteilt durch die Anzahl der im Umlauf befindlichen Aktien" bedeutet und dass "börsennotierte Wertpapiere" "diejenigen Aktien sind, die an der New Yorker und der amerikanischen Börse notiert sind".

Ich habe mich mit den Definitionen von Aktien, Anleihen, Vermögenswerten, Gewinnen und Renditen beschäftigt.

Es gab viel zu lesen, denn es gibt Hunderte von Büchern, die über die Börse veröffentlicht wurden. Über die Börse wurde beispielsweise mehr geschrieben als über viele andere kulturelle ¬Themen.

Zu dieser Zeit studierte ich Bücher wie:

R. C. Effinger
ABC des Investierens

Würfel & Eiteman
Der Aktienmarkt

B. E. Schultz
Der Wertpapiermarkt: Und wie er funktioniert

Leo Barnes
Ihre Investitionen

H. M. Gartley
Gewinn am Aktienmarkt

Curtis Dahl
Beständige Gewinne am Aktienmarkt

E. J. Mann
Sie können am Aktienmarkt Geld verdienen

Bewaffnet mit meinem neuen Wortschatz und dem, was mir als wachsendes Wissen erschien, wurde ich ehrgeiziger. Ich hatte das Gefühl, dass es an der Zeit war, eine andere Quelle zu finden. Schließlich musste es irgendwo eine große, solide Wall-Street-Aktie geben, die sich für mich genauso gut entwickeln konnte wie das, was ich jetzt als "kleine Pennystocks" betrachtete.

Ich begann, Börsendienste wie Moody's, Fitch und Standard & Poor's zu abonnieren. Sie versorgten mich mit Informationen, die mir großartig erschienen - nur verstand ich nichts davon.

Einige der Passagen lauten wie folgt:

"Die versprochene Ausweitung der Verbraucherausgaben für langlebige Güter, Verbrauchsgüter und Dienstleistungen sowie eine recht ausgeprägte Verbesserung der Produktionseffizienz bilden die Grundlage für recht gute Erträge und eine Verbesserung der Dividenden für Unternehmen, deren Erträge den günstigen Charakter dieser Bedingungen widerspiegeln werden. Wir gehen davon aus, dass die Unregelmäßigkeiten, unter deren Deckmantel dieser neue Status der Marktpräferenz umgesetzt wird, vorübergehend anhalten werden."

Sie waren würdevoll, beeindruckend und erzählten mir alles, was ich wissen wollte - außer, welche Aktie gerade wie BRILUND steigt.

Als ich sie las, überkam mich jedoch die Neugierde. Ich wollte sehen, was andere Börsendienste sagen. Ich sah in den Zeitungen, dass ich, wie in Kanada, für einen Dollar ein vierwöchiges Probeabonnement für bestimmte Dienste erhalten konnte. Bald war ich Probeabonnent bei fast jedem Dienst, der damit warb.

Ich sammelte Zeitungsausschnitte von überall her - Tageszeitungen, Finanzspalten, Buchumschläge. Immer, wenn ich eine neue Finanzdienstleistung in der Werbung sah, steckte ich meinen Dollar sofort in die Post.

Als die Veröffentlichungen eintrafen, stellte ich zu meiner großen Überraschung fest, dass sie sich oft widersprachen. Häufig wurde eine Aktie, die ein Dienst zum Kauf empfahl, von einem anderen zum Verkauf empfohlen. Ich stellte auch fest, dass die Empfehlungen fast immer unverbindlich waren. Sie benutzten Ausdrücke wie "Bei Reaktionen kaufen" oder "Sollte bei Kursrückgängen gekauft werden". Aber keiner von ihnen sagte mir, was ich als Reaktion oder als Dip betrachten sollte.

Ich habe das alles übersehen und eifrig weitergelesen, in der Hoffnung, dem Geheimnis der Aktie, die nur steigen kann, auf die Spur zu kommen.

Eines Tages veröffentlichte ein Beratungsdienst, der sich rühmte, nur fünf- oder sechsmal im Jahr Informationen zu geben, eine Hochglanzveröffentlichung, fast ein ganzes Buch, in dem Emerson Radio untersucht wurde. Darin wurde ¬dieses Unternehmen mit der mächtigen R.C.A. ¬verglichen. Es wurde ausführlich auf die Kapitalisierung von Emerson, das Umsatzvolumen, den Gewinn vor Steuern, den Gewinn nach Steuern, den Gewinn pro Aktie und die vergleichenden Kurs-Gewinn-Verhältnisse eingegangen.

Ich habe zwar nicht alles verstanden, aber ich war sehr beeindruckt von diesen gelehrten Worten und den analytischen Vergleichen. Sie bewiesen, dass die Emerson-Aktie, die zu einem Preis von 12 verkauft wurde, 30 bis 35 wert sein sollte, vergleichbar mit dem damaligen Kurs von r.c.a..

Natürlich kaufte ich Emerson. Ich zahlte 12½ Euro, was mir ein schönes Schnäppchen für eine Aktie zu sein schien, die, wie mir das Hochglanzheft versicherte, 35 Euro wert war. Und was geschah? Diese sichere Aktie begann zu sinken. Verblüfft und ratlos verkaufte ich sie.

Ich bin mir sicher, dass der seriöse Wall-Street-Analyst, der diese Hochglanzbroschüre erstellt hat, nur die besten Absichten hatte, aber ich muss im Interesse der Wahrheit festhalten, dass diese Aktie Ende 1956 auf 5¾ gefallen war.

Ungefähr zu dieser Zeit hörte ich ein Sprichwort, das an der Wall Street seit Generationen von Mund zu Mund weitergegeben wird, aber für mich neu war: "Man kann nicht pleite gehen, wenn man einen Gewinn mitnimmt." Das beeindruckte mich sehr und ich wollte es unbedingt in die Tat umsetzen. Und so habe ich es gemacht.

Einer der Marktführer Anfang Februar 1955 war Kaiser Aluminium. Auf Empfehlung meines Brokers kaufte ich 100 Aktien zu 63⅜ und zahlte 6.378,84 $ für die Aktie. Die Aktie stieg stetig an, und bei 75 verkaufte ich sie. Ich erhielt 7.453,29 $, was mir in weniger als einem Monat einen Gewinn von 1.074,45 $ einbrachte. In der Hoffnung auf einen weiteren schnellen Gewinn stieg ich bei 83 in 100 Boeing ein. Ich zahlte 8.343,30 $ für diese Aktien. Die Aktie ¬begann fast ¬sofort zu fallen. Vier Tage später verkaufte ich zu 79⅞ für 7.940,05 $. Mein Verlust bei der Boeing-Transaktion betrug 403,25 $.

Um den Verlust auszugleichen, habe ich dann in der ersten Aprilwoche Magma-Kupfer gekauft. Es wurde zu 89¾ verkauft. Ich zahlte 9.018,98 $ für 100 Aktien. Kaum hatte ich gekauft, begann der Kurs zu fallen. Zwei Wochen später verkaufte ich sie bei 80^4 für 8.002,18 $. Damit hatte ich einen Verlust von 1.016,80 $ zu verzeichnen.

Zu diesem Zeitpunkt war Kaiser Aluminium, aus dem ich in der ersten Märzwoche ausgestiegen war, auf 82 gestiegen. Ein Beratungsdienst empfahl die Aktie, und so stieg ich wieder ein und kaufte 100 Aktien zu diesem Preis. Ich zahlte 8.243,20 $.

Fünf Minuten später begann der Kurs zu fallen. Da ich keinen weiteren Verlust riskieren wollte, verkaufte ich zu 81¾ und erhielt 8.127,59 $. Das bedeutete, dass ich für fünf Minuten Handel 115,61 $ verlor, einschließlich der ¬Provisionen.

Mit dem ersten Kaiser-Geschäft hatte ich einen Gewinn von 1.074,45 $ erzielt. Die Verluste, die ich durch den Ein- und Ausstieg aus den anderen Aktien erlitten habe, betrugen 1,53 $ 5,66 $. Die gesamte zirkuläre Transaktion, die mit kaiser begann und mit kaiser endete, brachte mir also einen Nettoverlust von 461,21 $ ein.

Wäre ich von meinem ursprünglichen Kauf zu 63⅜ bis zu meinem endgültigen Verkauf zu 81¾ bei Kaiser geblieben, hätte ich einen Gewinn von 1.748,75 $ statt des Verlusts von 461,21 $ erzielt.

Hier ist ein weiterer Fall. Von November 1954 bis März 1955 stieg ich ständig in eine Aktie namens Rayonier ein und aus, die in einem Zeitraum von acht Monaten von etwa 50 auf 100 stieg. Das waren meine Transaktionen mit Rayonier, 100 Aktien auf einmal:

November-Dezember 1954

Gekauft bei
53 ($5,340.30)

Verkauft zu
58¼ ($5,779.99)

Gewinn
$ 439.69

Februar-März 1955

Gekauft bei
63⅞ ($6,428.89)

Verkauft zu
71⅝ ($7,116.13)

Gewinn
$ 687.24

März 1955

Gekauft bei
72 ($7,242.20)

Verkauft zu
74 ($7,353.39)

Gewinn
$111.19

Gesamtgewinn
$1,238.12

Der Gewinn, den ich mit dieser Serie von Geschäften erzielte, belief sich auf 1.238,12 $. Dann wiederholte sich das alte Verlustmuster. Im April 1955 wechselte ich zu Manati-Zucker. Ich kaufte 1.000 Aktien zu 8 % und zahlte 8.508,80 $. Unmittelbar danach begann eine Talfahrt, und ich verkaufte zu den wechselnden Preisen von 7¾, 7⅝ und 7½. Ich erhielt insgesamt 7.465,70 $, was einen Verlust von 1.043,10 $ bedeutete. Damit blieb mir ein Nettogewinn von 195,02 $ aus dem kombinierten Rayonier-Manati-Geschäft.

Hätte ich jedoch meinen ursprünglichen Kauf von Rayonier im November beibehalten, ohne ständig zu versuchen, einen Gewinn zu erzielen, und ihn im April zu 80 verkauft, hätte ich einen Gewinn von $2.612,48 statt $195,02 erzielt.

Was bedeutete das alles? Ich wusste es damals nicht zu schätzen, aber es war eine klassische Widerlegung von: "Man kann nicht pleite gehen, wenn man einen Gewinn mitnimmt." Natürlich kann man das.

Ein weiterer Börsenspruch, der mich zu faszinieren begann, war "Buy Cheap, Sell Dear". Das hörte sich noch besser an. Aber wo konnte ich etwas billig kaufen? Auf der Suche nach einem Schnäppchen entdeckte ich den Freiverkehrsmarkt, den Markt für nicht börsennotierte Wertpapiere. Aus meinen Büchern wusste ich, dass ein Unternehmen sehr strenge Finanzvorschriften einhalten muss, damit seine Aktien an der Börse notiert und gehandelt werden können. Ich hatte gelesen, dass dies für außerbörslich gehandelte Aktien nicht gilt.

Dieser Markt schien mir daher der perfekte Ort, um ein Schnäppchen zu machen. Naiverweise glaubte ich, dass diese Aktien nicht börsennotiert waren, dass nur wenige Leute von ihnen wussten und dass ich sie billig kaufen konnte. In aller Eile abonnierte ich ein monatliches Heft namens Over-the-Counter Securities Review und machte mich auf die Suche.

Ich suchte eifrig unter den Tausenden und Abertausenden von Namen nach den Schnäppchen, die sich anboten. Ich kaufte Aktien wie PACIFIC AIRMOTIVE, COLLINS RADIO, GULF SULPHUR, DOMAN HELICOPTER, KENNAMETAL, TEKOIL CORPORATION und einige der obskureren Titel. Was ich nicht wusste, war, dass einige dieser Aktien an meinen Fingern klebten wie Teer, als ich sie zum Verkauf anbieten wollte. Es fiel mir sehr schwer, sie loszuwerden - und selten zu dem Preis, den ich für sie bezahlt hatte. Warum? Weil es keine strenge Preisdisziplin wie bei den börsennotierten Wertpapieren gab; es gab keine Spezialisten, die für einen kontinuierlichen und geordneten Markt sorgten; es gab keine Berichte, aus denen hervorging, zu welchem Preis eine Transaktion stattfand. Es gab nur den "Bid"- und den "Ask"-Kurs. Diese lagen, wie ich feststellte, oft sehr weit auseinander. Wenn ich zu einem Preis von 42 verkaufen wollte, was dem Briefkurs entsprach, fand ich nur einen Käufer zu einem Preis von 38, dem Geldkurs. Manchmal landete ich bei 40, aber das war keineswegs sicher.

Als ich in den Freiverkehrsmarkt stolperte, war mir das alles unbekannt. Glücklicherweise stellte ich schnell fest, dass es sich um ein Spezialgebiet handelt, das nur für Experten lukrativ ist, die wirklich etwas über die Angelegenheiten eines bestimmten Unternehmens wissen. Ich beschloss, es aufzugeben und mich wieder den börsennotierten Wertpapieren zuzuwenden.

Während dieser ganzen Zeit habe ich nicht ein einziges Mal den Wahrheitsgehalt von Wall-Street-Gerüchten in Frage gestellt. Ich konnte nicht wissen, dass sie genauso unbegründet und gefährlich sind wie die Gerüchte auf dem kanadischen oder anderen Märkten.

Was ich für solide Informationen hielt, die direkt von der Wall Street kamen, hatte für mich den größten Reiz. Hier sind zwei typische Fälle, die zeigen, welche Art von Informationen ich verschlang und auf die ich reagierte.

Eines Tages kam das Gerücht auf, dass bald-win-lima-hamilton, ein Unternehmen, das Eisenbahnausrüstungen herstellt, einen Auftrag zum Bau eines Atomzuges erhalten hatte. Die Wall Street reagierte sofort auf dieses Gerücht. Die Aktien stiegen von 12 auf über 20.

Als ich diese verblüffende Information hörte, hatte die Aktie bereits ihren Höchststand erreicht, wie sich später herausstellte. Ich kaufte 200 Aktien zu 24½. Der Kaufpreis betrug 4.954,50 $. Ich hielt die Aktie zwei Wochen lang und sah ungläubig zu, wie sie langsam auf 19¼ zurückfiel. Zu diesem Zeitpunkt wurde selbst mir klar, dass etwas nicht stimmte, und ich verkaufte sie mit einem Verlust von 1.160,38 $. In meiner Verblüffung hatte ich jedoch das Beste getan. Mit dieser Aktie hätte es mir viel schlechter ergehen können, denn sie fiel später auf einen Tiefstand von 12¼.

Ein anderes Mal rief mich mein Makler an und sagte: "Sterling Precision wird bis Ende des Jahres auf 40 steigen." Die Aktie notierte bei 8. Er nannte mir den Grund: "Das Unternehmen kauft viele weitere kleine, florierende Unternehmen auf und wird in kürzester Zeit zu einem Riesen heranwachsen." Er fügte hinzu, dass dies Informationen aus erster Hand seien.

Für mich war das ausreichend. Warum nicht? Ein Wall-Street-Broker, von dem ich annahm, dass er sich unmöglich irren konnte, hatte mich mit dieser authentischen Nachricht beglückt. Ich konnte meinen Kaufauftrag nicht schnell genug erteilen. In Anbetracht der Quelle meiner ¬Informationen beschloss ich, einen ¬großen Sprung zu wagen, und kaufte 1.000 Pfund Präzision zu 77/8 für

8.023,10 Dollar. Ich lehnte mich zufrieden zurück und beobachtete den Kursanstieg auf 40. Doch statt auf 40 zu steigen, begann der Kurs zu schwanken. Langsam glitt er nach unten. Als es so aussah, als würde er unter 7 fallen, war offensichtlich etwas schief gelaufen, und so verkaufte ich die Aktie zu 71/8 für 6.967,45 $. Diese Nachricht bedeutete für mich einen Verlust von 1.055,65 $ innerhalb weniger Tage. Die Aktie erreichte anschließend einen Tiefststand von 41/8.

Aber diese Verluste wurden durch den großen Stolz, der mich an der Wall Street erfüllte, mehr als wettgemacht, und ich suchte ständig nach neuen Wegen. Als ich eines Tages das Wall Street Journal las, sah ich eine Spalte, in der über Aktiengeschäfte von Führungskräften und Direktoren börsennotierter Unternehmen berichtet wurde. Als ich mich näher damit befasste, fand ich heraus, dass die Börsenaufsichtsbehörde (Securities and Exchange Commission) zur Verhinderung von Manipulationen vorschrieb, dass leitende Angestellte und Direktoren jeden Kauf oder Verkauf von Aktien ihres eigenen Unternehmens melden mussten. Das war doch mal was! So konnte ich herausfinden, was die echten "Insider" taten. Alles, was ich tun musste, war, ihnen zu folgen. Wenn sie kauften, würde ich kaufen. Wenn sie verkauften, verkaufte ich.

Ich habe diesen Ansatz ausprobiert, aber er hat nicht funktioniert. Wenn ich von den Transaktionen der Insider erfuhr, war es immer zu spät. Außerdem stellte ich oft fest, dass Insider auch nur Menschen sind. Wie andere Anleger auch, kauften sie oft zu spät oder verkauften zu früh. Ich machte eine weitere Entdeckung. Sie wussten vielleicht alles über ihr Unternehmen, aber sie wussten nichts über das Verhalten des Marktes, auf dem ihre Aktien verkauft wurden.

Aus diesen und anderen Erfahrungen kristallisierten sich jedoch bestimmte - Schlussfolgerungen heraus. So wie ein Baby, das immer wieder dieselben Worte hört, sie zu lernen beginnt, so begann ich durch meine Handelserfahrungen langsam die Umrisse einiger Regeln zu erkennen, die ich anwenden konnte.

Sie waren:

1. Ich sollte den Beratungsdiensten nicht folgen. Sie sind nicht unfehlbar, weder in Kanada noch an der Wall Street.

2. Ich sollte mit den Ratschlägen der Makler vorsichtig sein. Sie können falsch liegen.

3. Ich sollte Wall-Street-Sprüche ignorieren, egal wie alt und verehrt sie sind.

4. Ich sollte nicht "außerbörslich" handeln, sondern nur mit börsennotierten Aktien, für die es immer einen Käufer gibt, wenn ich sie verkaufen möchte.

5. Ich sollte nicht auf Gerüchte hören, auch wenn sie noch so gut begründet sind.

6. Der fundamentale Ansatz hat bei mir besser funktioniert als das Glücksspiel. Ich sollte es studieren.

Ich schrieb diese Regeln für mich auf und beschloss, ¬danach zu handeln¬. ¬Ich ging meine Brokerage-Auszüge¬ durch und entdeckte dabei eine Transaktion, die mir eine siebte Regel gab und zu den unmittelbar folgenden Ereignissen führte. Ich entdeckte, dass ich eine Aktie besaß, ohne es zu wissen.

Es handelte sich um die Virginian Railway, von der ich im August 1954 100 Aktien zu 29¾ für 3.004,88 $ gekauft hatte. Ich hatte sie gekauft und vergessen, weil ich zu sehr damit beschäftigt war, am Telefon in Dutzende von Aktien hinein- und wieder herauszuspringen - manchmal mit einem Gewinn von nur 75 Cents; manchmal rief ich verzweifelt an, um eine ¬Aktie zu verkaufen, bevor sie noch tiefer fiel.

Die Virginianische Eisenbahn hatte mich noch nie beunruhigt, also ließ ich sie in Ruhe. Es war wie ein braves Kind, das ruhig in der Ecke saß und spielte, während ich mir Sorgen machte und mich über das Verhalten von einem Dutzend böser Kinder aufregte. Jetzt, wo ich seinen Namen sah - nachdem ich es elf Monate lang gehalten hatte - erkannte ich es kaum wieder. Es war so still gewesen, dass ich es völlig vergessen hatte. Ich eilte zu meinen Vorratstischen. Sie stand bei 43½. Diese vergessene, ruhige, dividendenstarke Aktie war langsam gestiegen. Ich verkaufte sie und erhielt 4.308,56 $. Ohne jegliche Anstrengung meinerseits, ja sogar ohne jegliche Angst, hatte sie mir 1.303,68 $ eingebracht. Damit wurde mir auch klar, was meine Regel werden sollte

7. Ich sollte lieber eine einzige steigende Aktie über einen längeren Zeitraum halten, als mit einem Dutzend Aktien für einen kurzen Zeitraum zu jonglieren.

Aber welche Aktie wird steigen? Wie kann ich sie selbst finden?

Ich beschloss, einen Blick auf die Virginian Railway zu werfen. Was hatte ihren stetigen Anstieg verursacht, während andere Aktien in die Höhe schossen? Ich bat meinen Broker um Informationen. Er teilte mir mit, dass das Unternehmen eine gute Dividende ausschüttete und eine gute Ertragslage aufwies. Die Finanzlage des Unternehmens war ausgezeichnet. Jetzt kannte ich den Grund für den stetigen Anstieg. Es war ein fundamentaler Grund. Das überzeugte mich von der Richtigkeit meines fundamentalen Ansatzes.

Ich habe mich entschlossen, diesen Ansatz zu verfeinern. Ich las, studierte und analysierte. Ich machte mich auf die Suche nach der idealen Aktie.

Ich dachte, wenn ich die Unternehmensberichte genau studiere, kann ich alles über eine Aktie herausfinden und entscheiden, ob sie eine gute Investition ist. Ich begann, alles über Bilanzen und Gewinn- und Verlustrechnungen zu lernen. Wörter wie "Aktiva", "Passiva", "Kapitalisierung" und "Abschreibungen" wurden zu einem festen Bestandteil meines Wortschatzes.

Monatelang habe ich über diese Probleme gegrübelt. Abend für Abend, stundenlang nach meinen täglichen Geschäften, habe ich die Bilanzen von Hunderten von Unternehmen durchforstet. Ich verglich ihre Vermögenswerte, ihre ¬Verbindlichkeiten, ihre Gewinnspannen, ihre Kurs-Gewinn-Verhältnisse.

Ich habe Listen durchgeblättert wie:

- Aktien mit höchster Qualitätsbewertung
- Aktien, die Experten mögen
- Aktien, die unter dem Buchwert verkauft werden
- Aktien mit starker Cash-Position
- Aktien, die ihre Dividende noch nie gekürzt haben

Immer wieder stand ich jedoch vor demselben Problem. Wenn die Dinge auf dem Papier perfekt aussahen, wenn die Bilanzen stimmten und die Aussichten glänzend waren, reagierte der Aktienmarkt nie entsprechend.

Als ich zum Beispiel die Finanzlage von etwa einem Dutzend Textilunternehmen sorgfältig verglich und nach eingehender Prüfung zu dem Schluss kam, dass die Bilanzen eindeutig darauf hinwiesen, dass American Viscose und Stevens die beste Wahl waren, war es mir sehr rätselhaft, warum eine andere Aktie namens Textron im Kurs stieg, während meine beiden ausgewählten Aktien nicht stiegen. Dieses Muster fand ich wiederholt in anderen Branchengruppen.

Verblüfft und ein wenig verunsichert fragte ich mich, ob es nicht klüger wäre, das Urteil einer höheren Instanz über die Vorzüge eines Unternehmens zu übernehmen. Ich fragte meinen Makler, ob es eine solche Instanz gäbe. Er empfahl mir einen weit verbreiteten, seriösen und sehr zuverlässigen monatlichen Dienst, der die wichtigsten Daten zu mehreren Tausend Aktien enthält - die Art ihrer Geschäftstätigkeit, ihre Kursspanne über mindestens zwanzig Jahre, ihre Dividendenzahlungen, ihre ¬Finanzstruktur und ihre Jahresgewinne pro Aktie. Außerdem wird jede Aktie nach ihrem relativen Grad an Sicherheit und Wert bewertet. Es hat mich fasziniert zu sehen, wie das gemacht wurde.

Hochwertige Aktien, deren Dividendenzahlungen als relativ sicher gelten, werden bewertet:

AAA-Safest

AA-Safe

A-Sound

Investment Merit Aktien, die in der Regel Dividenden ausschütten:

BBB-Best of group

BB-Good

B-Fair

Weniger hochwertige Aktien, die Dividenden ausschütten, aber die Zukunft ist nicht sicher:

CCC-Best of group

CC-Fair dividend prospects

C-Slight dividend prospects Lowest Grade stocks:

DDD-Keine Dividendenaussichten

DD-Leichter Scheinwert

D-Kein Scheinwert

Ich habe all diese Bewertungen sehr sorgfältig studiert. Es schien so einfach zu sein. Ich brauchte keine Bilanzen und Gewinn- und Verlustrechnungen mehr zu analysieren. Hier war alles für mich aufgeschrieben, ich musste nur vergleichen: A ist besser als B, C ist besser als D.

Ich war begeistert und glücklich über diesen neuen Ansatz. Für mich hatte es den Charme der kalten Wissenschaft. Ich war nicht länger der Spielball hektischer, beunruhigender Gerüchte. Ich wurde zum kühlen, distanzierten Financier.

Ich war mir sicher, dass ich den Grundstein für mein Glück gelegt hatte. Ich fühlte mich nun kompetent und selbstbewusst. Ich hörte auf niemanden, ich fragte niemanden um Rat. Ich beschloss, dass alles, was ich zuvor getan hatte, genauso unsinnig war wie meine kanadische Glücksspielphase. Ich war der Meinung, dass ich jetzt nur noch meine eigenen Vergleichstabellen aufstellen musste, um Erfolg zu haben. Das tat ich und verbrachte viele ernste und ernsthafte Stunden mit dieser Aufgabe.

KAPITEL 3. MEINE ERSTE KRISE

Aus meiner Lektüre wusste ich, dass Aktien - wie Herden - in der Tat Gruppen nach der Branche bilden, die sie repräsentieren, und dass Aktien, die der gleichen Branche angehören, die Tendenz haben, sich auf dem Markt gemeinsam zu bewegen, entweder nach oben oder nach unten.

Es erschien mir nur logisch, dass ich versuchen sollte, mit Hilfe der Fundamentalanalyse etwas zu finden:

a. Die stärkste Industriegruppe;

b. Das stärkste Unternehmen innerhalb dieser Industriegruppe.

Dann sollte ich die Aktien dieses Unternehmens kaufen und sie halten, denn eine solche ideale Aktie muss steigen.

Ich begann, die Persönlichkeit einer Aktie im Verhältnis zu ihrer Branchengruppe zu studieren. Wenn ich die Notierungen von General Motors las, sah ich automatisch auch die von Chrysler, Studebaker und American Motors. Wenn ich mir Kaiser Aluminium anschaute, blickte mein Auge danach automatisch auf Reynolds Metals, Alcoa und Aluminium Ltd. Anstatt die Aktientabellen in A. zu lesen. B.. C.. zu lesen, lese ich sie immer in Branchengruppen.

Wann immer sich eine Aktie besser als der Markt im Allgemeinen zu verhalten begann, schaute ich mir sofort das Verhalten ihrer Brüder an - Aktien der gleichen Branchengruppe. Wenn ich feststellte, dass sich die Brüder ebenfalls gut verhielten, suchte ich nach dem Oberhaupt der Familie - der Aktie, die sich am besten verhielt, dem Marktführer. Ich ging davon aus, dass ich, wenn ich mit dem Spitzenreiter kein Geld verdienen konnte, auch mit den anderen kein Geld verdienen würde.

Wie erfreut und wichtig ich mich bei all dem fühlte! Durch diesen seriösen, wissenschaftlichen Ansatz fühlte ich mich wie ein baldiger Finanzexperte, der seinen Abschluss gemacht hat. Außerdem hatte ich das Gefühl, dass es um mehr als bloße Theorie ging. Ich würde das alles in die Praxis umsetzen und eine Menge Geld verdienen.

Ich begann mit der Zusammenstellung der Gewinne ganzer Branchengruppen wie Öl, Motoren, Flugzeuge und Stahl. Ich verglich die Gewinne der Vergangenheit mit den aktuellen Gewinnen. Dann verglich ich diese Gewinne mit den Gewinnen anderer Industriegruppen. Ich habe ihre Gewinnspannen, ihr Kurs-Gewinn-Verhältnis und ihre Kapitalisierung sorgfältig bewertet.

Schließlich entschied ich mich nach langem Hin und Her, dass die Stahlindustrie das Mittel war, das mich reich machen würde.

Nachdem ich diese Entscheidung getroffen hatte, habe ich die Branche bis ins kleinste Detail untersucht. Wieder einmal habe ich mich in meinen Bewertungsdienst vertieft.

Ich war entschlossen, auf Nummer sicher zu gehen, und dachte mir, dass die zu kaufende Aktie im A-Bereich liegen und eine hohe Dividende zahlen sollte. Doch ich erlebte eine Überraschung. Als ich mich damit befasste, stellte ich fest, dass "A"-Ratings äußerst selten waren und fast immer für Vorzugsaktien galten. Sie waren preislich relativ stabil und stiegen selten spektakulär. Offensichtlich waren sie nichts für mich.

Ich beschloss, mir das Sortiment "B" anzusehen. Hier sahen die Aktien gut aus, und sie waren zahlreich. Ich wählte die fünf bekanntesten von ihnen aus und begann, sie miteinander zu vergleichen. Ich tat dies mit äußerster Gründlichkeit. Ich habe meine Vergleichstabelle wie folgt aufgebaut:

Unternehmen
Rat-ing
Preis: Ende Juni 1955
Kurs-Gewinn-Verhältnis
Ergebnis je Aktie
Schätzung 1955

1952

1953

1954

Ergebnis

Dividende

Bethlehem Stahl

BB

142⅜

7.9

8.80

13.30

13.18

18.00

7.25

Inland Steel

BB

79⅜

8.3

4.85

6.90

7.92

9.50

4.25

U.S. Steel

BB

54⅜

8.4

2.27

3.78

3.23

6.50

2.15

Jones & Laughlin
B
41⅛
5.4
2.91
4.77
3.80
7.75
2.25

Republik Stahl
B
47¼
8.5
3.61
4.63
3.55
5.50
2.50

Als ich auf meine Tabelle schaute, begann ich eine Welle der Aufregung zu spüren. Wie ein Zeiger auf einer Waage zeigte mein Tisch eindeutig auf eine Aktie: jones & laughlin. Ich konnte mir nicht vorstellen, warum das noch niemandem aufgefallen war. Alles an ihr war perfekt.

• Sie gehörte zu einer starken Industriegruppe.

• Es hatte eine starke B-Bewertung.

• Sie zahlte fast 6 % Dividende.

• Sein Kurs-Gewinn-Verhältnis war besser als das aller anderen Aktien der Gruppe.

Eine ungeheure Begeisterung überkam mich. Dies war zweifelsohne der goldene Schlüssel. Ich spürte, dass das Glück zum Greifen nah war wie ein reifer Apfel. Dies war die Aktie, die mich reich machen würde. Dies war eine wissenschaftliche Gewissheit, ein neuer und größerer Brilund. Sie würde jeden Moment um 20 bis 30 Punkte steigen.

Ich hatte nur eine große Sorge. Sie bestand darin, schnell eine große Menge davon zu kaufen, bevor andere es entdeckten. Ich war mir meines Urteils aufgrund meiner eingehenden Untersuchung so sicher, dass ich beschloss, aus allen möglichen Quellen Geld zu beschaffen.

Ich hatte eine Immobilie in Las Vegas, die ich durch meine langjährige Arbeit als Tänzerin erworben hatte. Ich habe es mit einer Hypothek belastet. Ich hatte eine Versicherungspolice. Ich nahm einen Kredit auf. Ich hatte einen langfristigen Vertrag mit dem "Latin Quarter" in New York. Ich bat um einen Vorschuss.

Ich zögerte nicht einen Moment lang. Ich hatte keine Zweifel. Nach meinen wissenschaftlichen und sorgfältigen Recherchen konnte nichts schiefgehen.

Am 23. September 1955 kaufte ich 1.000 Aktien von Jones & Laughlin zu 52¼ auf Marge, die damals 70% betrug. Die Kosten betrugen 52.652,30 $ und ich musste 36.856,61 $ in bar hinterlegen. Um diesen Betrag aufzubringen, hatte ich meinen gesamten Besitz als Garantie hinterlegt.

All dies hatte ich mit größter Zuversicht getan. Jetzt blieb mir nichts anderes übrig, als mich zurückzulehnen und abzuwarten, bis ich die Früchte meiner narrensicheren Theorie ernten würde.

Am 26. September schlug der Blitz ein, Jones & Laughlin begannen zu fallen.

Ich konnte es nicht glauben. Wie konnte das sein? Das war der neue Brilund. Damit würde ich mein Glück machen. Es war kein Glücksspiel, sondern ein völlig losgelöstes Geschäft, das auf unfehlbaren Statistiken beruhte. Trotzdem sank der Aktienkurs weiter.

Ich sah sie fallen und weigerte mich dennoch, der Realität ins Auge zu sehen. Ich war wie gelähmt. Ich wusste einfach nicht, was ich tun sollte. Sollte ich verkaufen? Wie sollte ich das tun? Nach meiner Prognose, die sich auf meine gründlichen Studien stützte, war Jones & Laughlin mindestens 75 Dollar pro Aktie wert. Das war nur ein vorübergehender Rückschlag, sagte ich mir. Es gibt keinen Grund für diesen Rückgang. Es ist eine gute, solide Aktie, sie wird sich erholen. Ich muss dranbleiben. Und ich hielt durch, und ich hielt durch.

Im Laufe der Tage bekam ich Angst, mir die Angebote anzusehen. Ich zitterte, als ich mit meinem Broker telefonierte. Ich hatte Angst, wenn ich meine Zeitung aufschlug.

Als die Aktie nach einem Rückgang um drei Punkte um einen halben Punkt anstieg, wuchs meine Hoffnung. Das ist der Beginn einer Erholung, sagte ich mir. Meine Ängste beruhigten sich vorübergehend. Doch am nächsten Tag setzte die Aktie ihren Abwärtstrend fort. Als sie am 10. Oktober auf 44 Punkte fiel, setzte blinde Panik ein. Wie weit würde sie noch sinken? Was sollte ich tun? Meine Lähmung verwandelte sich in Angst. Jeder Punkt, um den die Aktie fiel, bedeutete für mich einen weiteren Verlust von 1.000 Dollar. Das war zu viel für meine Nerven. Ich beschloss, zu verkaufen, und meinem Konto wurden 43.583,12 $ gutgeschrieben. Mein Nettoverlust betrug 9.069,18 $.

Ich war niedergeschlagen, fertig, zerstört. Alle meine selbstgefälligen Vorstellungen von mir als wissenschaftlichem Wall-Street-Betreiber zerbröckelten. Ich fühlte mich, als wäre ein großer Bär auf mich zugewatschelt und hätte mich zerfleischt, als ich mich gerade anschickte, ihn zu erschießen. Wo war die Wissenschaft? Welchen Sinn hatte die Forschung? Was war aus meinen Statistiken geworden?

Niemand kann sich vorstellen, wie niederschmetternd dieser Schlag war. Wäre ich ein wilder Spieler gewesen, hätte ich mit einer solchen Situation rechnen können. Aber ich hatte mein Bestes getan, um keiner zu sein. Ich hatte lange und hart gearbeitet. Ich hatte alles getan, um einen Fehler zu vermeiden. Ich hatte recherchiert, analysiert, verglichen. Ich hatte meine Entscheidung auf die vertrauenswürdigsten grundlegenden Informationen gestützt. Und doch war das einzige Ergebnis, dass ich einen Schaden von 9.000 Dollar erlitten hatte.

Schwarze Verzweiflung erfüllte mich, als ich erkannte, dass ich wahrscheinlich meine Immobilie in Las Vegas verlieren würde. Der Schrecken des Konkurses starrte mir ins Gesicht. Meine ganze Zuversicht, die ich durch einen wohlwollenden Bullenmarkt und durch meinen ersten schnellen Erfolg mit Brilund aufgebaut hatte, verließ mich. Alles hatte sich als falsch erwiesen. Glücksspiele, Tipps, Informationen, Recherchen, Nachforschungen, was auch immer ich versuchte, um an der Börse erfolgreich zu sein, es hatte nicht funktioniert. Ich war verzweifelt. Ich wusste nicht, was ich tun sollte. Ich hatte das Gefühl, dass ich nicht mehr weitermachen konnte.

Doch ich musste weitermachen. Ich muss mein Eigentum retten. Ich muss einen Weg finden, meine Verluste auszugleichen.

Jeden Tag studierte ich stundenlang die Börsentabellen und suchte fieberhaft nach einer Lösung. Wie ein zum Tode Verurteilter in einer Zelle beobachtete ich alle aktiven Aktien, um zu sehen, ob sie einen Ausweg boten.

Schließlich fiel meinem Auge etwas auf. Es handelte sich um eine Aktie, von der ich noch nie gehört hatte, sie hieß "Texas Gulf Producing". Sie schien zu steigen. Ich wusste nichts über ihre Grundlagen und hatte keine Gerüchte über sie gehört. Alles, was ich wusste, war, dass sie stetig stieg, Tag für Tag. Würde das meine Rettung sein? Ich wusste es nicht, aber ich musste es versuchen. Mehr verzweifelt als hoffnungsvoll und in einem letzten wilden Versuch, meine Verluste auszugleichen, erteilte ich einen Auftrag zum Kauf von 1.000 Aktien zu Preisen zwischen 57 1/8 und 37¼. Die Gesamtkosten betrugen 37.586,26 $.

Ich hielt den Atem an und beobachtete besorgt den weiteren Anstieg. Als der Kurs 40 erreichte, war ich versucht zu verkaufen. Aber ich blieb dran. Zum ersten Mal in meiner Börsenkarriere weigerte ich mich, einen schnellen Gewinn mitzunehmen. Ich wagte es nicht - ich musste den Verlust von 9.000 Dollar wieder aufholen.

Ich rief meinen Broker jede Stunde, manchmal alle fünfzehn Minuten an. Ich lebte buchstäblich mit meiner Aktie. Ich verfolgte jede ihrer Bewegungen, jede Schwankung. Ich beobachtete sie wie ein ängstliches Elternteil, das über sein neugeborenes Kind wacht.

Fünf Wochen lang behielt ich es in der Hand und beobachtete es ständig angespannt.

Dann, eines Tages, als sie bei 43¼ stand, beschloss ich, mein Glück nicht weiter zu strapazieren. Ich verkaufte ihn und erhielt 42.840,43 $. Ich hatte zwar meine 9.000 Dollar nicht zurückbekommen, aber mehr als die Hälfte davon war wieder drin. Als ich texas gulf producing verkaufte, fühlte ich mich, als hätte ich gerade die Krise einer langen, schweren Krankheit hinter mir. Ich war erschöpft, leer, verbraucht. Und doch begann etwas durchzuscheinen. Es kam in Form einer Frage.

Was, so fragte ich mich, war es wert, Unternehmensberichte zu studieren, die Branchenaussichten, die Ratings, die Kurs-Gewinn-Verhältnisse? Die Aktie, die mich vor einer Katastrophe bewahrte, war eine, über die ich nichts wusste. Ich wählte sie nur aus einem einzigen Grund: Sie schien zu steigen.

War das die Antwort? Es könnte sein.

Die unglückliche Erfahrung mit Jones & Laughlin hatte also ihre Bedeutung. Sie war nicht umsonst. Sie führte mich zum Schimmern meiner Theorie.

KAPITEL 4. ENTWICKLUNG DER BOX-THEORIE

Nach meiner erschreckenden Erfahrung mit Jones & Laughlin und meiner glücklicheren Erfahrung mit Texas Gulf Producing setzte ich mich hin, um meine Position zu bewerten. Inzwischen hatte ich genug Angst gehabt und war vom Markt geschlagen worden, um ¬zu begreifen, dass ich den Aktienmarkt nicht als geheimnisvolle ¬Maschine ¬betrachten sollte¬, aus der man mit etwas Glück ein Vermögen herausholen kann wie den Jackpot in einem Spielautomaten. Ich erkannte, dass es zwar in jedem Bereich des Lebens ein Zufallselement gibt, dass ich aber meine Geschäfte nicht auf Glück gründen konnte. Ich könnte einmal, vielleicht zweimal Glück haben - aber nicht ständig.

Nein, das war nichts für mich. Ich muss mich auf Wissen verlassen. Ich muss lernen, wie man auf dem Markt agiert. Könnte ich beim Bridge gewinnen, ohne die Regeln zu kennen? Oder bei einer Schachpartie, ohne zu wissen, wie ich auf die Züge meines Gegners antworten soll? Wie könnte ich auf dem Markt erfolgreich sein, ohne zu lernen, wie man handelt? Ich spielte um Geld, und das Spiel auf dem Markt fand gegen die schärfsten Experten statt. Ich konnte nicht gegen sie spielen und erwarten zu gewinnen, ohne die Grundlagen des Spiels zu lernen.

Und so begann ich. Zunächst untersuchte ich meine bisherigen Erfahrungen. Auf der einen Seite lag ich mit dem fundamentalen Ansatz falsch. Auf der anderen Seite hatte ich mit dem technischen Ansatz Recht. Offensichtlich war es am besten, zu versuchen, den erfolgreichen Ansatz zu wiederholen, den ich bei texas gulf producing angewendet hatte.

Das war nicht einfach. Jeden Abend saß ich stundenlang an meinen Stammtischen und versuchte, einen ähnlichen Stamm zu finden. Eines Tages wurde ich auf eine Aktie namens m & m wood working aufmerksam. Keiner der Finanzinformationsdienste konnte mir etwas darüber sagen. Mein Broker hatte noch nie davon gehört. Dennoch blieb ich hartnäckig interessiert, denn die tägliche Entwicklung erinnerte mich an die Golfproduktion in Texas. Ich begann, sie genau zu beobachten.

Im Dezember 1955 stieg die Aktie von etwa 15 auf 23⅝ am Jahresende. Nach einer fünfwöchigen Flaute nahm das Handelsvolumen zu und der Kurs stieg wieder an. Ich beschloss, 500 Aktien zu 26⅝ zu kaufen. Der Kurs stieg weiter an, und ich verfolgte die Entwicklung aufmerksam. Der Kurs stieg weiter an und das Handelsvolumen war konstant hoch. Als der Kurs 33,1 erreichte, verkaufte ich ihn und machte einen Gewinn von 2.866,62 $.

Ich war glücklich und aufgeregt - nicht so sehr wegen des Geldes, sondern einfach, weil ich die Holzverarbeitung von m & m gekauft hatte, so wie ich auch die texanische Golfproduktion gekauft hatte, und zwar ausschließlich auf der Grundlage ihres Verhaltens auf dem Markt. Ich wusste nichts darüber, und ich konnte auch nicht viel herausfinden. Aufgrund des kontinuierlichen Anstiegs und des hohen Volumens nahm ich jedoch an, dass einige Leute viel mehr darüber wussten als ich.

Dies erwies sich als richtig. Nachdem ich das Unternehmen verkauft hatte, erfuhr ich aus der Zeitung, dass der stetige Anstieg auf eine Fusion zurückzuführen war, die im Geheimen ausgehandelt wurde. Schließlich wurde bekannt, dass ein anderes Unternehmen M & M wood working für 35 Dollar pro Aktie übernehmen wollte, und dieses Angebot wurde angenommen. Das bedeutete auch, dass ich, obwohl ich nichts von dem Geschäft hinter den Kulissen wusste, nur 2 Punkte unter dem Höchststand verkauft hatte. Ich war fasziniert, als ich feststellte, dass ich durch meine Käufe, die rein auf dem Verhalten der Aktie basierten, von einer geplanten Fusion profitieren konnte, ohne etwas darüber zu wissen. Ich war ein Insider, ohne tatsächlich einer zu sein.

Diese Erfahrung hat mich mehr als alles andere davon überzeugt, dass die rein technische Herangehensweise an den Markt richtig ist. Es bedeutete, dass ich positive Ergebnisse erzielen konnte, wenn ich die Preisentwicklung und das Volumen studierte und alle anderen Faktoren außer Acht ließ.

Ich begann nun zu versuchen, unter diesem Gesichtspunkt zu arbeiten. Ich ¬konzentrierte mich auf ein genaues Studium der Preise und des Volumens und versuchte, alle Gerüchte, Tipps oder fundamentalen Informationen zu ¬ignorieren. Ich beschloss, mich nicht mit den Gründen für einen Anstieg zu befassen. Ich dachte mir, wenn sich im Leben eines Unternehmens etwas Grundlegendes zum Besseren ändert, wird sich dies bald in steigenden Kursen und Volumina niederschlagen, weil viele Menschen darauf erpicht sind, die Aktie zu kaufen. Wenn ich meinen Blick dafür schärfen könnte, diesen Aufwärtstrend schon in der Anfangsphase zu erkennen, wie im Fall von m & M wood working, könnte ich am Anstieg der Aktie teilhaben, ohne den Grund dafür zu kennen.

Das Problem war: Wie kann man diese Veränderung feststellen? Nach langem Nachdenken fand ich ein Kriterium, nämlich den Vergleich von Aktien mit Menschen.

So habe ich angefangen, mir das vorzustellen: Wenn eine stürmische Schönheit auf einen Tisch springt und einen wilden Tanz aufführt, wäre niemand besonders erstaunt. Das ist das typische Verhalten, das man von ihr erwartet. Wenn aber eine ehrwürdige Matrone plötzlich das Gleiche täte, wäre das ungewöhnlich, und die Leute würden sofort sagen: "Hier ist etwas Seltsames passiert. *'

Ebenso beschloss ich, dass ich es für ungewöhnlich halten würde, wenn eine normalerweise inaktive Aktie plötzlich aktiv würde, und wenn sie auch noch im Preis stieg, würde ich sie kaufen. Ich würde vermuten, dass irgendwo hinter der ungewöhnlichen Bewegung eine Gruppe steht, die über gute Informationen verfügt. Durch den Kauf der Aktie würde ich ihr stiller Teilhaber werden.

Ich habe diesen Ansatz ausprobiert. Manchmal war ich erfolgreich, manchmal nicht. Was ich nicht erkannte, war, dass meine Augen ¬noch nicht ¬ausreichend geschult waren¬, und gerade als ich anfing, mich sicher zu fühlen, dass ich mit meiner Theorie arbeiten konnte, gab es ein böses Erwachen.

Im Mai 19561 wurde ich auf eine Aktie namens Pittsburgh Metallurgical aufmerksam, die zu diesem Zeitpunkt ¬bei 67 ¬notierte. Als ich die zunehmende Aktivität dieser Aktie sah, kaufte ich 200 Aktien zu einem Gesamtpreis von 13.483,40 $.

Ich war mir meines Urteils so sicher, dass ich alle Vorsicht über Bord warf, und als die Aktie wider Erwarten zu schwächeln begann, dachte ich, dies sei nur eine kleine Reaktion. Ich war mir sicher, dass nach dem leichten Rückgang eine weitere große Aufwärtsbewegung anstehen würde. Die Bewegung war zwar da, aber sie ging in die falsche Richtung. Zehn Tage später stand Pittsburgh Metallurgical bei 57¾. Ich verkaufte sie. Mein Verlust betrug 2.023,32 $.

Irgendetwas war offensichtlich falsch. Alles deutete eindeutig darauf hin, dass die Aktie zu diesem Zeitpunkt die beste auf dem Markt war, und dennoch, kaum hatte ich sie gekauft, fiel sie. Und was noch ernüchternder war: Kaum hatte ich sie verkauft, begann sie wieder zu steigen.

Auf der Suche nach einer Erklärung untersuchte ich die vorangegangenen Bewegungen der Aktie und stellte fest, dass ich sie auf dem Höhepunkt eines 18-Punkte-Anstiegs gekauft hatte. Das war alles, was die Aktie vorläufig aushalten konnte. Fast genau zu dem Zeitpunkt, als ich Geld in die Aktie investierte, begann sie zu sinken. Es war offensichtlich, dass ich die richtige Aktie zur falschen Zeit gekauft hatte.

Rückblickend konnte ich das sehr deutlich sehen. Ich konnte genau sehen, warum sich die Aktie so entwickelt hatte, wie sie es hinterher tat. Die Frage war jedoch: Wie beurteilt man eine Bewegung zu dem Zeitpunkt, zu dem sie stattfindet?

Es handelte sich um ein einfaches, unkompliziertes Problem, das aber in seiner Tragweite sehr komplex war. Ich wusste bereits, dass Buchhaltungssysteme nicht hilfreich waren, dass Bilanzen nutzlos waren, dass Informationen verdächtig und falsch waren.

Ich habe mich an einen Strohhalm geklammert und beschlossen, eine umfassende Studie über die Bewegungen einzelner Aktien zu erstellen. Wie verhalten sie sich? Was sind die Merkmale ihres Verhaltens? Gibt es ein Muster in ihren Schwankungen?

Ich las Bücher, untersuchte Börsentabellen und sah mir Hunderte von Charts an. Während ich sie studierte, lernte ich Dinge über Aktienbewegungen, die ich vorher nicht gesehen hatte. Ich begann zu erkennen, dass Aktienbewegungen nicht völlig zufällig waren. Die Aktien flogen nicht wie Ballons in irgendeine Richtung. Wie von einem Magneten angezogen, hatten sie einen bestimmten Aufwärts- oder Abwärtstrend, der sich, einmal etabliert, tendenziell fortsetzte. Innerhalb dieses Trends bewegten sich die Aktien in einer Reihe von Rahmen oder, wie ich sie zu nennen begann, "Boxen".

Sie schwankten ziemlich konstant zwischen einem Tief- und einem Hochpunkt. Der Bereich, der diese Auf- und Ab-Bewegung umschloss, stellte die Box oder den Rahmen dar. Diese Kästen begannen für mich ganz klar zu existieren.

Dies war der Beginn meiner Schachteltheorie, die zu einem Vermögen führen sollte.

So habe ich meine Theorie angewandt: Wenn die Kisten einer Aktie, für die ich mich interessierte, wie eine Pyramide übereinander standen und meine Aktie in der obersten Kiste war, begann ich sie zu beobachten. Sie konnte zwischen der obersten und der untersten Kiste hin- und herspringen, und ich war vollkommen zufrieden. Sobald ich mich für die Abmessungen des Kastens entschieden hatte, konnte die Aktie tun, was sie wollte, aber nur innerhalb dieses Rahmens. Wenn er nicht innerhalb des Kastens auf und ab hüpfte, war ich besorgt.

Kein Hüpfen, keine Bewegung bedeutete, dass es sich nicht um einen lebendigen Bestand handelte. Und wenn es keine lebendige Aktie war, war ich nicht daran interessiert, ¬denn das bedeutete, dass sie wahrscheinlich nicht dynamisch steigen würde.

Nehmen Sie eine Aktie, die innerhalb der 45/50 Box lag. Sie könnte so oft zwischen diesen Werten schwanken, wie sie wollte, und ich würde sie trotzdem kaufen. Fällt sie jedoch auf 44¼, schließe ich sie als Möglichkeit aus.

Warum? Weil alles, was unter 45 lag, bedeutete, dass es in ein niedrigeres Feld zurückfiel, und das war falsch - ich wollte es nur, wenn es sich in ein höheres Feld bewegte.

Ich habe festgestellt, dass eine Aktie manchmal wochenlang in einer Box blieb.

Es war mir egal, wie lange sie in ihrer Box blieb, solange sie nicht unter den unteren Rahmen fiel.

Ich habe zum Beispiel beobachtet, dass eine Aktie in der 45/50-Box wie folgt aussehen kann:

45. 47 - 49. 50 - 45 - 47

Das bedeutete, dass er nach einem Höchststand von 50 auf einen Tiefststand von 45 reagieren konnte und dann jeden Tag bei 46 oder 47 schloss, womit ich recht zufrieden war. Er war immer noch innerhalb seiner Box. Aber natürlich war die Bewegung, auf die ich ständig achtete, ein Aufwärtsschub in Richtung der nächsten Box. Wenn dies der Fall war, kaufte ich die Aktie.

Ich habe keine feste Regel dafür gefunden, wie dies geschieht. Man muss es nur beobachten und sofort darauf reagieren. Einige volatile, eifrige Aktien sind innerhalb von Stunden in eine andere Box gewandert. Andere brauchten Tage. Wenn sich die Aktie richtig verhielt, begann sie, von ihrer 45/50-Box in eine andere, obere Box zu drängen. Dann begann ihre Bewegung in etwa so zu verlaufen:

48 - 52 - 50 - 55 - 51 - 50 - 53 - 52

Es hat sich nun ganz klar in der nächsten Box, der 50/55 Box, etabliert.

Verstehen Sie mich bitte nicht falsch. Dies sind nur Beispiele. Was ich zu entscheiden hatte, war die Reichweite der Box. Das war natürlich je nach Aktie unterschiedlich. So bewegten sich manche Aktien in einem sehr kleinen Rahmen, vielleicht nicht mehr als 10 % in jede Richtung. Andere Aktien mit großen Schwankungen bewegten sich in einem Rahmen zwischen 15 % und 20 %. Die Aufgabe bestand darin, den Rahmen genau zu definieren und sicherzustellen, dass sich die Aktie nicht entscheidend unter den unteren Rand der Box bewegte. Falls doch, habe ich sie sofort verkauft, weil sie sich nicht richtig verhielt.

Sie blieb zwar in ihrer Box, aber ich hielt eine Reaktion von 55 auf 50 für ganz normal. Das bedeutete für mich nicht, dass die Aktie zurückfallen würde. Ganz im Gegenteil.

Bevor ein Tänzer in die Luft springt, geht er in die Hocke, um sich auf den Sprung vorzubereiten. Ich habe festgestellt, dass es bei Aktien genauso ist. Sie schossen in der Regel nicht plötzlich von 50 auf 70 hoch. Mit anderen Worten, ich war der Ansicht, dass eine Aktie, die sich in einem Aufwärtstrend befand und nach dem Erreichen von 50 auf 45 reagierte, wie ein Tänzer war, der in die Hocke geht und sich auf den Sprung vorbereitet.

Später, als ich mehr Erfahrung hatte, lernte ich auch, dass diese 45er-Position in einer Aktie nach einem 50er-Hoch einen weiteren wichtigen Vorteil hat. Sie schüttelt die schwachen und verängstigten Aktionäre ab, die diese Reaktion fälschlicherweise für einen Rückgang halten, und ermöglicht der Aktie einen schnelleren Anstieg.

Ich erkannte, dass eine Aktie, die sich in einem eindeutigen Aufwärtstrend befand, ein gewisses Maß an Proportionalität besaß. Wenn sie auf dem Weg war und von, sagen wir, 50 auf 70 stieg, aber gelegentlich zurückfiel, war das alles Teil des richtigen Rhythmus.

Es hätte so ablaufen können:

50 - 52 - 57 - 58 - 60 - 55 - 52 - 56

Das bedeutete, dass es in der 52/60er Box war.

Danach könnte es in einem Aufschwung weitergehen:

58- 61 - 66 - 70 - 66 - 63 - 66

Das bedeutete, dass er sich innerhalb der 63/70er Box befand. Ich war auch der Meinung, dass es immer noch in Richtung höherer Sphären ging.

Das Hauptproblem blieb jedoch: Wann war der richtige Zeitpunkt für einen Einstieg? Logischerweise war es der Moment, in dem sie in eine neue höhere Box eintraten. Dies schien recht einfach zu sein, bis der Fall von Louisiana Land & Exploration bewies, dass es nicht so war.

Wochenlang beobachtete ich das Verhalten dieser Aktie und sah, wie sie ihre Pyramidenboxen bildete. Als der obere Rahmen der letzten Box 59¾ betrug, hatte ich das Gefühl, sie richtig eingeschätzt zu haben. Ich sagte dem Makler, er solle mich anrufen, wenn die Aktie die 61 erreicht habe, die ich für die Tür der neuen Box hielt. Das tat er, aber ich war nicht in meinem Hotelzimmer, als der Anruf kam. Es dauerte zwei Stunden, bis er mich erreichte. Als er anrief, stand die Aktie bei 63. Ich war enttäuscht. Ich hatte das Gefühl, einer großen Chance beraubt worden zu sein.

Ich ärgerte mich darüber, dass sie mit 61 an mir vorbeigezogen war, und als sie in so kurzer Zeit auf 63 stieg, war ich mir sicher, dass ich eine sehr gute Sache verpasst hatte. Die Vernunft hat mich in meiner Aufregung verlassen. In meiner Begeisterung hätte ich jeden Preis für diese Aktie gezahlt. Ich musste einfach in eine Aktie einsteigen, von der ich dachte, dass sie zu einem fabelhaften Preis steigen würde.

Es ging aufwärts - 63½-64½-65. Ich hatte Recht. Ich hatte es richtig eingeschätzt und ich hatte es verpasst! Ich konnte nicht länger warten. Ich kaufte 100 Aktien bei 65 - am oberen Rand der neuen Box -, weil ich sie am unteren Rand verpasst hatte.

Obwohl ich mich in der Auswahl und in der Methode verbesserte, war ich in den Mechanismen der Wall Street noch etwas unbedarft, so dass ich mein Problem dem Makler vortrug. Wir besprachen den 61-Punkte-Anruf, der mir leider entgangen war. Er sagte mir, ich hätte einen automatischen Kaufauftrag "auf Stopp" erteilen sollen. Das hätte bedeutet, dass die Aktie gekauft worden wäre, als sie auf 61 stieg. Er schlug vor, dass ich jedes Mal, wenn ich eine Entscheidung über eine Aktie treffe, einen Kaufauftrag zu einer bestimmten Zahl erteilen sollte. Dann würde die Aktie ohne weitere Rücksprache für mich gekauft werden, wenn der Markt diesen Wert erreicht. Damit war ich einverstanden.

Mein Problem des automatischen Kaufs zum vermeintlich richtigen Zeitpunkt war gelöst.

Zu diesem Zeitpunkt waren meine Boxentheorie und ihre Anwendungsform fest in meinem Kopf verankert, und ich wandte sie bei drei aufeinander folgenden Gelegenheiten erfolgreich an.

Ich kaufte Allegheny ludlum steel, als es mir schien, dass es in die 45/50er Box gehen würde. Ich kaufte 200 Aktien zu 45¾ und verkaufte sie drei Wochen später zu 51.

Ich habe auch 300 Aktien von Dresser Industries gekauft, als die Aktie in die 84/92er Box einzutreten schien. Ich kaufte bei 84, aber da die Aktie nicht den richtigen Weg durch die Box zu nehmen schien, verkaufte ich bei 86½.

Dann kaufte ich 300 Aktien von Cooper-Bessemer am unteren Rand der 40/45-Box zu 40¾ und verkaufte zu 45½-.

Mein Gewinn aus diesen drei Transaktionen betrug 2.442,36 $.

Das stimmte mich sehr zuversichtlich, aber dann erhielt ich eine Ohrfeige, die mir bewies, dass ich mehr als nur eine Theorie brauchte. Im August kaufte ich 500 Aktien von North American Aviation zu 94⅜, weil ich sicher war, dass sie sich in einer neuen Box über 100 etablieren würden. Das tat sie nicht. Fast sofort drehte sich der Kurs und begann zu fallen. Ich hätte ihn verkaufen können, als er einen Punkt abgab. Dasselbe hätte ich auch tun können, als er einen weiteren Punkt verlor. Aber ich entschied mich dagegen und hielt stur daran fest. Mein Stolz hat mich nicht handeln lassen. Das Prestige meiner Theorie stand auf dem Spiel. Ich sagte mir einfach, dass diese Aktie nicht weiter sinken kann. Ich wusste nicht, was ich später lernte, nämlich dass es so etwas wie "kann" auf dem Markt nicht gibt. Jede Aktie kann alles tun. Am Ende der nächsten Woche war der Gewinn aus meinen drei vorangegangenen Transaktionen weg. Ich war wieder da, wo ich angefangen hatte.

1. Diese Erfahrung war meiner Meinung nach ein wichtiger Wendepunkt in meiner Börsenkarriere.

2. An diesem Punkt wurde mir schließlich klar, dass

3. Es gibt keine sichere Sache auf dem Markt - ich musste die Hälfte der Zeit falsch liegen.

4. Ich muss diese Tatsache akzeptieren und mich dementsprechend anpassen - mein Stolz und mein Ego müssen gebändigt werden.

5. Ich muss ein unparteiischer Diagnostiker werden, der sich mit keiner Theorie oder Aktie identifiziert.

6. Ich kann nicht einfach Risiken eingehen. Zunächst muss ich meine Risiken so weit wie möglich reduzieren.

Der erste Schritt, den ich in diese Richtung unternahm, war die Einführung meiner so genannten Schnellabnahme-Waffe. Ich wusste bereits, dass ich die Hälfte der Zeit falsch liegen würde. Warum sollte ich meine Fehler nicht realistisch akzeptieren und sofort mit einem kleinen Verlust verkaufen? Wenn ich eine Aktie zu einem Kurs von 25 kaufte, warum sollte ich nicht gleichzeitig den Verkauf der Aktie anordnen, wenn sie wieder unter 24 fiel?

Ich beschloss, "On-Stop"-Aufträge zu erteilen, um bei einem bestimmten Wert zu kaufen, mit einem automatischen "Stop-Loss"-Auftrag für den Fall, dass die Aktie fallen würde. Auf diese Weise, so dachte ich, würde ich nie mit einem Verlust schlafen. Wenn eine meiner Aktien unter den Preis fiel, den ich für richtig hielt, würde ich sie nicht mehr besitzen, wenn ich am Abend ins Bett ging. Ich wusste, dass ich oft um eines Punktes willen "ausgestoppt" werden würde, nur um zu sehen, wie meine Aktie unmittelbar danach wieder anstieg. Aber ich erkannte, dass dies nicht so wichtig war wie die Verhinderung großer Verluste. Außerdem konnte ich die Aktie immer wieder zurückkaufen, indem ich einen höheren Preis zahlte.

Dann habe ich den zweiten, ebenso wichtigen Schritt getan.

Ich wusste, dass die Hälfte der Zeit richtig zu liegen, nicht die Antwort auf den Erfolg war. Ich begann zu verstehen, wie ich kostendeckend arbeiten und trotzdem pleite gehen konnte. Wenn ich etwa 10.000 Dollar investierte und mit Aktien mittlerer Preisklasse handelte, kostete mich jede Transaktion ¬etwa 125 Dollar an Provision, wenn ich eine Aktie kaufte, und weitere 125 Dollar, wenn ich sie verkaufte.

Nehmen wir an, dass ich die Hälfte der Zeit richtig lag. Bei 250 $ pro Geschäft musste ich nur 40 Mal handeln, ohne einen echten Verlust zu machen, und ich hätte mein Kapital verloren. Es wäre durch die ¬Provisionen vollständig aufgezehrt¬. Auf diese Weise würden die Provisionsmäuse jede Operation anknabbern und schließlich mein Geld auffressen:

Gekauft
500 Aktien zu $20

PAID (einschließlich Provision)
$10,125.00

Verkauft
500 Aktien zu $20

ERHALTEN (abzüglich Provision)
$ 9,875.00

LOSS
$ 250.00

40 Transaktionen zu 250 $ = 10.000 $

Es gab nur eine Antwort auf diese Gefahr: Meine Gewinne mussten größer sein als meine Verluste.

Ich hatte aus Erfahrung gelernt, dass mein schwierigstes Problem darin bestand, mich zu disziplinieren, um eine steigende Aktie nicht zu schnell zu verkaufen. Ich habe immer zu schnell verkauft, weil ich ein Feigling bin. Wann immer ich eine Aktie zu 25 kaufte und sie auf 30 stieg, war ich so besorgt, dass ich sie verkaufte, weil sie zurückgehen könnte. Ich wusste, dass ich das Richtige tun würde, aber ich habe immer das Gegenteil getan.

Da ich mir nicht antrainieren konnte, mich nicht jedes Mal zu erschrecken, beschloss ich, eine andere Methode anzuwenden. Diese bestand darin, an einer steigenden Aktie festzuhalten, aber gleichzeitig meinen Stop-Loss-Auftrag parallel zum Anstieg der Aktie zu erhöhen. Ich würde ihn in einem solchen Abstand halten, dass ein unbedeutender Kursausschlag ihn nicht berühren würde. Sollte sich die Aktie jedoch wirklich umdrehen und fallen, würde ich mich sofort aus dem Geschäft zurückziehen. Auf diese Weise würde der Markt nie mehr als einen Bruchteil meiner Gewinne abbekommen können.

Und wie bestimmt man, wann man Gewinne mitnimmt?

Mir wurde klar, dass ich nicht in der Lage sein würde, an der Spitze zu verkaufen. Jeder, der behauptet, er könne das immer wieder tun, lügt. Wenn ich verkaufen würde, während die Aktie steigt, wäre das eine reine Vermutung, denn ich könnte nicht wissen, wie weit ein Anstieg gehen würde. Das wäre genauso wenig eine kluge Vermutung wie die Vorhersage, dass "My Fair Lady" nach 200 Aufführungen zu Ende gehen würde. Man könnte auch vermuten, dass es nach 300 oder 400 Aufführungen zu Ende gehen würde. Warum wurde es nicht nach einer dieser Zahlen abgesetzt? Weil der Produzent ein Narr wäre, die Show zu schließen, wenn er sieht, dass das Theater jeden Abend voll ist. Erst wenn er feststellt, dass die Plätze leer sind, erwägt er, die Vorstellung zu schließen.

Ich habe den Broadway-Vergleich auf das Problem des Verkaufs übertragen. Ich wäre ein Narr, eine Aktie zu verkaufen, solange sie weiter steigt. Wann also verkaufen? Wenn die Kisten anfangen, den Rückwärtsgang einzulegen! Als die Pyramiden anfingen, nach unten zu fallen¬, war es an der Zeit, die Show zu beenden und zu verkaufen. Mein Trailing-Stop-Loss, den ich hinter dem steigenden Kurs der Aktie nach oben gezogen habe, sollte dies automatisch erledigen.

Nachdem ich diese Entscheidungen getroffen hatte, lehnte ich mich zurück und definierte meine Ziele auf dem Aktienmarkt neu:

1. Rechte Aktien

2. Richtiges Timing

3. Geringe Verluste

4. Große Gewinne

Ich habe meine Waffen untersucht:

1. Preis und Volumen

2. Box-Theorie

3. Automatischer Kauf-Auftrag

4. Stop-Loss-Verkaufsorder

Was meine grundlegende Strategie betrifft, so beschloss ich, immer so vorzugehen: Ich würde einfach mit einem Aufwärtstrend mitlaufen und meine Stop-Loss-Versicherung hinter mir herziehen. Wenn sich der Trend fortsetzte, würde ich mehr kaufen. Und wenn sich der Trend umkehrte? Dann würde ich wie ein Dieb rennen.

Mir wurde klar, dass es eine ganze Reihe von Problemen gab. Die Operation würde zwangsläufig eine Menge Rätselraten beinhalten. Meine Einschätzung, dass ich in der Hälfte der Fälle richtig liegen würde, könnte optimistisch sein. Aber schließlich sah ich mein Problem klarer als je zuvor. Ich wusste, dass ich eine kalte, emotionslose Haltung gegenüber Aktien einnehmen musste; dass ich mich nicht in sie verlieben durfte, wenn sie stiegen, und dass ich mich nicht ärgern durfte, wenn sie fielen; dass es keine guten oder schlechten Aktien gab. Es gibt nur steigende und fallende Aktien - und ich sollte die steigenden Aktien halten und die fallenden verkaufen.

Ich wusste, dass ich dafür etwas erreichen musste, das viel schwieriger war als alles andere zuvor. Ich musste meine Gefühle - Angst, Hoffnung und Gier - vollständig unter Kontrolle bringen. Ich hatte keinen Zweifel daran, dass dies ein hohes Maß an Selbstdisziplin erfordern würde, aber ich fühlte mich wie ein Mann, der weiß, dass ein Raum beleuchtet werden kann, und nach den Schaltern tastet.

KAPITEL 5. KABEL RUND UM DIE WELT

Fast zur gleichen Zeit, als ich begann, nach meinen neuen Prinzipien zu arbeiten, meldete ich mich für eine zweijährige Welttournee mit meiner Tanznummer an. Sofort wurde ich mit vielen Problemen konfrontiert. Wie ¬konnte ich zum Beispiel meinen Beruf weiter ausüben, während ich auf der anderen Seite der Welt war? Und sofort und sehr anschaulich kam mir das Ereignis in den Sinn, als mein Broker mich am Telefon verpasste. Wenn das in New York passieren konnte, wie sollte ich dann eine solche Schwierigkeit überwinden, wenn ich Tausende von Meilen entfernt war? Ich besprach die Angelegenheit mit ihm und wir beschlossen, dass wir über Kabel miteinander in Verbindung bleiben könnten.

Wir entschieden uns auch für ein Hilfsmittel - Barton's, eine wöchentliche Finanzpublikation, die wir mir per Luftpost zusenden ließen, sobald sie erschien. Darin würde ich alle Aktien finden, die sich nach oben bewegen könnten. Gleichzeitig wurden in einem täglichen Telegramm die Aktien, die ich besaß, genannt. Selbst an so abgelegenen Orten wie Kaschmir und Nepal, wo ich während der Tournee auftrat, traf das tägliche Telegramm ordnungsgemäß ein. Es enthielt die Schlusskurse der Wall Street für meine Aktien.

Um Zeit und Geld zu sparen, hatte ich bei meinem Broker in New York einen speziellen Code eingeführt. Meine Kabel bestanden nur aus einer Reihe von Buchstaben, die die Aktien bezeichneten, gefolgt von einer Reihe von ¬scheinbar bedeutungslosen Zahlen. Sie sahen etwa so aus:

"B 32½ L 57 U 89½ A 120¼ F 132¼"

Es dauerte nur wenige Tage, bis ich feststellte, dass diese Notierungen nicht ausreichten, um die Entwicklung meiner Aktien richtig zu verfolgen. Ich war nicht in der Lage, meine Boxen zu konstruieren, ohne die Ober- und Untergrenzen ihrer Bewegungen zu kennen. Ich rief in New York an und bat meinen Broker, zu jedem Schlusskurs die vollständigen Angaben zu den täglichen Kursschwankungen der Aktie hinzuzufügen. Dazu gehörten der höchste und der niedrigste Kurs der Aktie an diesem Tag. Nun sahen meine Telegramme wie folgt aus:

"B 32½ (34½-32⅜) L 57 (58⅝-57) U 89½ (91½-89) A 120¼ (121/2-120¼) F 132¼ (134⅞-132¼)."

Ich bat nicht um Mengenangaben, da ich befürchtete, dass zu viele Zahlen meine Kabel überfüllen könnten. Ich wählte ohnehin Aktien mit hohen Umsätzen aus, und ich dachte, wenn das Volumen ¬schrumpft, würde ich es ein paar Tage später ¬in Barron's ¬bemerken.

Da mein Broker und ich beide wussten, welche Aktien wir notierten, benutzten wir nur den Anfangsbuchstaben des Namens jeder Aktie, die ich besaß. Da es sich aber nicht um die üblichen Börsenkürzel handelte, die in der ganzen ¬Welt bekannt sind, verärgerten und belästigten diese ständigen mysteriösen Buchstaben-Zahlen-Kabel die Postangestellten fast überall. Bevor sie mir meine ersten Kabel aushändigten, musste ich ihnen genau erklären, was sie enthielten.

Sie dachten offensichtlich, ich müsse ein Geheimagent sein. ¬Mit diesem Verdacht war ich ¬ständig konfrontiert, vor allem im Fernen Osten. In Japan war es vielleicht am schlimmsten. Die Telegrafenbeamten waren dort misstrauischer als anderswo, denn die japanischen Bürokraten ¬scheinen ihren Spionagewahn aus der Vorkriegszeit noch nicht ganz abgelegt zu haben. Wann immer ich in eine neue Stadt wie Kyoto, Nagoya oder Osaka kam, beäugten mich die Telegrafenbeamten mit den größten Zweifeln.

Ich musste immer lange Erklärungen abgeben. Da ich kein Japanisch sprach, war das oft eine komplizierte Angelegenheit. Seltsamerweise schienen sie jedoch recht zufrieden zu sein, sobald ich ein Papier unterschrieben hatte, in dem ich ihnen genau erklärte, was meine Kabel enthielten. Vielleicht war es nicht die Wahrheit, aber das schien ihnen nicht in den Sinn zu kommen. Andererseits ¬würden sie sich ohne dieses Papier mit meiner -Unterschrift weigern, meine Kabel zu versenden.

Es hat lange gedauert, bis ich sie umstimmen konnte. Ich verbrachte sechs Monate in Japan, bevor ich in den Kabelbüros der meisten Großstädte eine bekannte Persönlichkeit wurde. Sie begannen sogar, meine Kabel ohne besondere

Unterschrift freudig anzunehmen. Es hatte sich unter den Japanern herumgesprochen, dass ich ein verrückter, aber scheinbar harmloser Europäer war, der ständig ¬Telegramme mit finanziellem Kauderwelsch verschickte und ¬empfing.

Während meiner Weltreise reisten meine Reisen von Hongkong nach Istanbul, Rangun, Manila, Singapur, Stockholm, ¬Formosa, Kalkutta, Japan und vielen anderen Orten. Natürlich stieß ich oft auf andere Schwierigkeiten, wenn ich versuchte, meine Kabel zu empfangen oder zu senden.

Ein großes Problem war, dass ich auf Reisen darauf achten musste, dass mir die Kabel nicht entgingen. Wenn ich also unterwegs war, wurden sie verdoppelt oder sogar verdreifacht. Es kam nicht selten vor, dass ein und ¬dasselbe Kabel von der Wall Street an den Pan-Am-Flug 2 zum Flughafen Hongkong, zum Flughafen Tokio und zum Nikkatsu-Hotel in Tokio ¬ging. Auf diese Weise konnte ich es, wenn ich es während des Fluges verpasst hatte, sofort nach der Landung abholen.

Die Schwierigkeiten, die ich hatte, um von Vientiane in Laos aus an der Wall Street zu arbeiten, waren zum Beispiel enorm. Die erste war, dass es dort überhaupt kein Telefonsystem gab. Das einzige lokale Telefon war das zwischen der amerikanischen Militärmission und der amerikanischen Botschaft, was mir natürlich nichts nützte.

Wenn ich Nachrichten verschicken oder abholen wollte, musste ich mit einer Rikscha zum Postamt fahren, das nur acht Stunden am Tag geöffnet war und immer auf die Minute genau schloss.

Da zwischen der Ortszeit und der New Yorker Zeit ein Unterschied von zwölf Stunden bestand, war das Postamt an der Wall Street von der Öffnung bis zum Feierabend geschlossen. Ich stand unter ständiger Anspannung und machte mir Sorgen, ob wichtige Börsennachrichten aufgehalten wurden.

Als ich eines Tages zur Post ging, fand ich ein Telegramm vor, das von Saigon nach Hongkong und dann von Hongkong nach Vientiane weitergeleitet worden war. Ich öffnete es ängstlich und dachte, dass die Verspätung sicherlich eine Katastrophe bedeuten würde. Doch zum Glück enthielt es keine Informationen, ¬auf die ich hätte -reagieren müssen.

Doch Laos war nur einer der Orte, an denen ich auf ¬Schwierigkeiten stieß¬. In Kathmandu, der Hauptstadt von Nepal im Himalaya, gab es überhaupt keinen Telegrafendienst. Das einzige Telegrafenbüro befand sich in der indischen Botschaft, und alle Kabelverbindungen mit der Außenwelt liefen über dieses Büro.

Die Botschaftsbeamten hielten es offensichtlich für unter ihrer Würde, sich um private Telegramme zu kümmern, die an normale Menschen gerichtet waren. Wenn ein Telegramm für mich ankam, wurde es nicht zugestellt, und ich musste ständig in der Botschaft anrufen, um zu erfahren, ob es irgendwelche Nachrichten gab. Manchmal musste ich zehnmal anrufen, bevor man mir sagte, ich solle kommen und meine Telegramme abholen. Außerdem waren sie handgeschrieben und oft unleserlich.

Die Grundmechanismen meiner Tätigkeit waren wie folgt: Barron's, das montags in Boston veröffentlicht wurde, erreichte mich in der Regel am Donnerstag, wenn ich in Australien oder Indien oder in einem anderen nicht allzu weit entfernten Teil der Welt war. Das bedeutete natürlich, dass ich den Bewegungen an der Wall Street vier Tage hinterherhinkte. Wenn ich jedoch in Barron's eine Aktie sah, die sich meinen Theorien entsprechend verhielt, schickte ich meinem Makler ein Telegramm mit der Bitte, mich über die Entwicklung der Aktie von Montag bis Donnerstag auf den neuesten Stand zu bringen:

"KABELN SIE DAS ANGEBOT DIESER WOCHE UND SCHLIESSEN SIE CHRYSLER."

Wenn sich die Aktie zum Beispiel meiner Meinung nach gut in der 60/65-Box verhielt, wartete ich ab, ob die ¬Vier-Tages-Notierungen aus New York dies noch zeigten. Wenn die mir per Kabel übermittelten Notierungen zeigten, dass die Aktie immer noch in diesem Bereich lag, beschloss ich, sie zu beobachten. Ich würde dann meinen Broker bitten, den Kurs täglich zu notieren, um zu sehen, ob er sich in Richtung einer höheren Box bewegt. Wenn ich mit dem, was ich sah, zufrieden war, telegrafierte ich meinen Stop-Buy-Auftrag nach New York, den mein Broker als "good-till-cancelled" betrachten sollte, sofern nichts anderes angegeben war. Dies war immer mit einem automatischen Stop-Loss-Auftrag verbunden, für den Fall, dass die Aktie nach meinem Kauf fiel. Ein typisches Telegramm sah wie folgt aus:

"KAUF 200 CHRYSLER 67 AUF STOP 65 STOPLOSS".

Wenn hingegen das Kabel meines Brokers anzeigte, dass er sich aus der 60/65-Box herausbewegt hatte. Da ich es in Barron's bemerkt hatte, vergaß ich es. Es war zu spät für mich, um zu handeln. Ich musste auf eine andere Gelegenheit warten.

Natürlich war ich gezwungen, meine Aktivitäten auf einige wenige Aktien zu beschränken. Der Grund dafür war rein finanzieller Natur. Wenn ich mehr als 12 bis 15 Dollar pro Tag für Kabel ausgeben würde, um Börsennotierungen anzufordern, würde das Geschäft unwirtschaftlich werden, es sei denn, ich würde enorme Gewinne erzielen.

Am Anfang hatte ich schreckliche Angst. Nicht, dass es mir in der Vergangenheit geholfen hätte, in New York zu sein, aber die Möglichkeit, ¬mit der Wall Street per Telefon zu kommunizieren, hatte mir ein falsches Gefühl der Sicherheit gegeben. Das habe ich eine Zeit lang vermisst. Erst später, als ich allmählich Erfahrungen mit dem Handel über Kabel sammelte, erkannte ich die Vorteile dieser Methode. Keine Telefonanrufe, keine Verwirrung, keine widersprüchlichen Gerüchte - all diese Faktoren verschafften mir einen viel distanzierteren Blick.

Da ich jeweils nur fünf bis acht Aktien handelte, trennte ich sie automatisch von den verwirrenden, dschungelartigen Bewegungen der Hunderte von Aktien, die sie umgaben. Ich ließ mich von nichts anderem als dem Preis meiner Aktien beeinflussen.

Ich konnte nicht hören, was die Leute sagten, aber ich konnte sehen, was sie taten. Es war wie ein Pokerspiel, bei dem ich die Einsätze nicht hören konnte, aber ich konnte alle Karten sehen.

Damals wusste ich das noch nicht, aber später, als ich mehr Erfahrung auf dem Markt hatte, wurde mir klar, wie wertvoll dies für mich war. Natürlich versuchten die Pokerspieler, mich mit Worten in die Irre zu führen, und sie zeigten mir ihre Karten nicht. Aber wenn ich nicht auf ihre Worte hörte, sondern ständig ihre Karten beobachtete, konnte ich erraten, was sie taten.

Zunächst habe ich versucht, auf dem Papier zu üben, ohne Geld zu investieren. Aber ich stellte bald fest, dass die Arbeit auf dem Papier etwas ganz anderes war als das tatsächliche Investieren. Es war wie ein Kartenspiel¬, bei dem kein Geld im Topf war. Es war so spannend und aufregend wie Bridge in einem Altersheim.

Auf dem Papier sah alles sehr einfach aus, und es stand kein Geld auf dem Spiel. Aber sobald ich 10.000 Dollar in eine Aktie investiert hatte, wurde das Bild ganz anders. Wenn kein Geld im Spiel war, konnte ich meine Gefühle leicht kontrollieren, aber sobald ich Dollar in eine Aktie investierte, kamen meine Gefühle schnell an die Oberfläche.

Als meine Kabel Tag für Tag ankamen, ¬gewöhnte ich ¬mich langsam ¬an diese neue Art der Operation und fühlte mich immer sicherer. Nur eine bestimmte Tatsache störte mich. Manchmal machten einige meiner Aktien unerklärliche Bewegungen, die nichts mit ihrem vorherigen Verhalten zu tun hatten.

Das verwirrte mich, und während ich nach einer ¬Erklärung suchte¬, machte ich eine folgenschwere Entdeckung. Mir wurde klar, dass ich auf mich allein gestellt war. Ich war sicher, dass ich aus Büchern nichts mehr lernen konnte. Keiner konnte mich leiten. Ich war völlig allein mit meinen täglichen Telegrammen und meinen wöchentlichen Ausgaben von Barton's. Sie waren mein einziger Kontakt zur Wall Street, die viele tausend Meilen entfernt war. Wenn ich eine Erklärung wollte, konnte ich mich nur an sie wenden.

Also stürzte ich mich eifrig in Barron's. Ich blätterte die Seiten um, bis sie zerfetzt waren, bis ich schließlich entdeckte: Die unerklärlichen ¬Bewegungen meiner Aktien fielen in der Regel mit einer heftigen Bewegung des allgemeinen Marktes zusammen. Da ich nur die Kurse meiner eigenen Aktien erhielt, ließ ich den möglichen Einfluss des allgemeinen Marktes auf sie völlig außer Acht. Das war nicht besser als der Versuch, eine Schlacht zu lenken, indem man nur einen Teil des Schlachtfelds betrachtet¬.

Dies war eine sehr wichtige Entdeckung für mich, und ich habe sofort gehandelt. Ich bat meinen Broker, am Ende meiner Kabel den Schlusskurs des Dow-Jones Industrial Average hinzuzufügen. Ich dachte, dies würde mir ein hinreichend klares Bild davon vermitteln, wie sich der Markt allgemein verhielt.

Meine Telegramme lauten nun wie folgt:

"B 32½ (34½-32⅜) L 57 (58⅝-57) U 89½ (91½-89) A 120¼ (121½-120¼) F 132¼ (134⅞-132¼) 482.31"

Als ich die ersten Kabel mit diesen zusätzlichen Informationen erhielt, war ich wie ein Kind mit einem neuen Spielzeug. Ich dachte, ich hätte eine völlig neue Formel entdeckt. Als ich versuchte, den Dow-Jones-Industrial-Average mit den Bewegungen meiner eigenen Aktien in Verbindung zu bringen, ¬kam ich zu dem Schluss, dass, wenn der Average steigt, auch meine Aktien steigen würden.

Bald darauf fand ich heraus, dass dies nicht stimmte. Der Versuch, den Markt in ein starres Schema zu pressen, war ein Fehler. Es schien völlig unmöglich zu sein, dies zu tun. Jede Aktie verhielt sich anders. So etwas wie ein mechanisches Muster gab es nicht. Ich habe mich viele Male geirrt¬, bevor ich den Durchschnitt an seinen Platz verbannt habe. Es dauerte ¬einige Zeit, bis ich entdeckte, dass die Dow-Jones Company einen Durchschnitt ¬veröffentlicht. Er spiegelt einfach das tägliche Verhalten von 3 0 ausgewählten Aktien wider. Andere Aktien werden von ihm beeinflusst, folgen aber nicht mechanisch seinem Muster. Ich begann auch zu verstehen, dass die Dow-Jones Company keine Wahrsagerin ist. Sie versucht nicht, Ihnen zu sagen, wann einzelne Aktien steigen oder fallen werden.

Allmählich begann ich zu verstehen, dass ich keine ¬mechanischen Maßstäbe auf das Verhältnis zwischen dem Durchschnitt und den einzelnen Aktien anwenden konnte¬. Die Beurteilung dieser Beziehung war vielmehr eine Kunst. In gewisser Weise war es wie beim Malen. Ein Künstler bringt Farben auf eine Leinwand, die bestimmten Grundsätzen gehorchen, aber es wäre unmöglich für ihn zu erklären, wie er das macht. In gleicher Weise stellte ich fest, dass die Beziehung zwischen dem Durchschnitt und meinen einzelnen Aktien bestimmten Prinzipien gehorchte, die jedoch nicht genau gemessen werden konnten. Von da an beschloss ich, den Dow-Jones Industrial Average weiter zu beobachten, aber nur, um festzustellen, ob ich mich in einem starken oder schwachen Markt befand. Das tat ich, weil ich erkannte, dass ein allgemeiner

Marktzyklus fast jede Aktie beeinflusst. Die wichtigsten Zyklen wie ein Bären- oder ein Bullenmarkt schleichen sich in der Regel in die meisten von ihnen ein.

Jetzt, da ich meiner Theorie den letzten Schliff gegeben hatte, fühlte ich mich viel stärker. Ich hatte das Gefühl, einige der Lichtschalter anfassen zu können, die den Raum erhellen würden.

Ich entdeckte, dass ich mir anhand der Telegramme, die ich vor mir hatte, eine Meinung über die Aktien bilden konnte. Sie wurden für mich wie Röntgenbilder. Für den Uneingeweihten ist ein Röntgenbild bedeutungslos. Aber für einen ¬Arzt enthält es oft alle Informationen, die er wissen will. Er setzt den Befund in Beziehung zur Art und Dauer der Krankheit, zum Alter des Patienten usw., und erst dann zieht er seine Schlüsse.

Wenn ich mir meine Telegramme ansehe, habe ich etwas Ähnliches getan. Ich ¬verglich die Kurse meiner Aktien zunächst miteinander, dann mit dem Dow-Jones-Durchschnitt, und nachdem ich ihre Handelsspanne abgewogen hatte, bewertete ich, ob ich kaufen, verkaufen oder halten ¬sollte.

Ich tat dies automatisch und ohne tiefere Analyse. Ich konnte mir das nicht ganz erklären, bis ich merkte, dass ich jetzt las und nicht mehr das Alphabet buchstabierte. Ich tat das, was ein gebildeter Erwachsener tut - ich konnte die gedruckte Seite mit einem Blick erfassen und schnelle Schlüsse daraus ziehen, anstatt die Buchstaben mühsam zusammenzusetzen wie ein Kind.

Gleichzeitig habe ich versucht, meine Gefühle zu trainieren. Das funktionierte folgendermaßen: Jedes Mal, wenn ich eine Aktie kaufte, schrieb ich den Grund dafür auf. Dasselbe tat ich, wenn ich sie verkaufte. Immer wenn ein Geschäft mit einem Verlust endete, schrieb ich den Grund auf, der meiner Meinung nach dafür verantwortlich war. Dann habe ich versucht, denselben Fehler nicht zu wiederholen. So sah eine meiner Tabellen aus:

Bringt

Verkauft

Ursache des Fehlers

ISLAND CREEK KOHLE

46

43½

Zu spät gekommen

FREUDENFERTIGUNG

62

60⅝

Stop-Loss zu nah

EASTERN GAS & FUEL

27¾

25⅛

Schwacher allgemeiner Markt wird übersehen

ALCOA

118

116½

Abwärtsbewegung

COOPER-BESSEMER

55⅜

54

Falsches Timing

Diese Fehlerursachentabellen haben mir unermesslich geholfen. Als ich sie nacheinander aufstellte, lernte ich von jedem Handel etwas. Ich begann zu erkennen, dass Aktien einen Charakter haben, genau wie Menschen. Das ist gar nicht so unlogisch, denn sie spiegeln den Charakter der Menschen, die sie kaufen und verkaufen, getreu wider.

Wie Menschen verhalten sich auch Aktien unterschiedlich. Einige von ihnen sind ruhig, langsam, konservativ. Andere sind sprunghaft, nervös, angespannt. Einige von ihnen fand ich leicht vorhersehbar. Sie waren beständig in ihren Bewegungen, logisch in ihrem Verhalten. Sie waren wie verlässliche Freunde.

Und mit einigen von ihnen konnte ich nicht umgehen. Jedes Mal, wenn ich sie kaufte, taten sie mir weh. Ihr Verhalten hatte etwas fast Menschliches an sich. Sie schienen mich nicht zu wollen. Sie erinnerten mich an einen Mann, zu dem man freundlich zu sein versucht, der aber meint, man habe ihn beleidigt, und der einem deshalb eine Ohrfeige gibt. Ich begann zu glauben, dass ich mich weigern würde, sie noch einmal zu berühren, wenn sie mich zweimal ohrfeigen würden. Ich würde den Schlag einfach abschütteln und mir etwas kaufen, mit dem ich besser umgehen kann. Das heißt natürlich nicht, dass andere Menschen mit einem anderen Temperament als dem meinen nicht gut mit ihnen auskommen könnten - so wie manche Menschen mit einer Gruppe von Menschen besser auskommen als mit anderen.

Die Erfahrung, die ich durch meine Fehlerverursachungstabellen sammelte¬, wurde zu einer ¬der wichtigsten meiner Qualifikationen. Jetzt wurde mir klar, dass ich das niemals aus Büchern hätte lernen können. Ich begann zu verstehen, dass es wie beim Autofahren ist. Man kann dem Fahrer beibringen, wie man das Gaspedal, das Lenkrad und die Bremsen bedient, aber er muss trotzdem sein eigenes Fahrgefühl entwickeln. Niemand kann ihm sagen, wie er einschätzen kann, ob er zu dicht auf das Auto vor ihm auffährt oder wann er abbremsen sollte. Das kann er nur durch Erfahrung lernen.

Während ich um die Welt flog und per Kabel an der Wall Street arbeitete, wurde mir langsam klar, dass ich zwar ein ¬Diagnostiker wurde¬, aber kein Prophet sein konnte. Wenn ich eine Aktie untersuchte und sie für stark befand, konnte ich nur sagen: Sie ist jetzt, heute und zu dieser Stunde gesund. Ich konnte nicht garantieren, dass es morgen nicht erkältet sein würde. Meine Vermutungen, so vorsichtig sie ¬auch sein mochten, erwiesen sich oft als falsch. Aber das hat mich nicht weiter beunruhigt. Schließlich dachte ich, wer war ich, dass ich sagen konnte, was eine Aktie tun oder nicht tun sollte?

Selbst meine Fehler haben mich nicht unglücklich gemacht. Wenn ich Recht hatte, war es umso besser. Wenn ich mich irrte, war ich verraten und verkauft. Dies ¬geschah automatisch, als etwas, das nichts mit mir zu tun hatte. Ich war nicht mehr stolz, wenn die Aktie stieg, und fühlte mich auch nicht verletzt, wenn sie fiel. Ich wusste nun, dass das Wort "Wert" in Bezug auf ¬Aktien ¬nicht verwendet werden kann¬. Der Wert einer Aktie ist ihr Kurswert. Dieser wiederum ist völlig abhängig von Angebot und Nachfrage. Schließlich lernte ich, dass es so etwas wie eine 50-Dollar-Aktie nicht gibt. Wenn eine 50-Dollar-Aktie auf 49 Dollar fiel, war sie jetzt eine 49-Dollar-Aktie. Da ich Tausende von Meilen von der Wall Street entfernt war, gelang es mir, mich von jeder Aktie, die ich besaß, emotional zu distanzieren.

Ich habe auch beschlossen, mich nicht von dem Steuerproblem beeinflussen zu lassen. Viele Leute halten sechs Monate lang an Aktien fest, um langfristige Kapitalgewinne zu erzielen. Das hielt ich für gefährlich. Ich könnte Geld verlieren, wenn ich nur aus steuerlichen Gründen an einer fallenden Aktie festhalte.

Ich beschloss, am Markt zu handeln, indem ich zuerst das Richtige tue - dem Verhalten einer Aktie zu folgen und mich später um die Steuern zu kümmern.

Als wären die Aktien dazu da, meine neue Einstellung zu bestätigen, habe ich ¬sie eine ganze Weile erfolgreich gehandelt. Ich kaufte mit kühner Zuversicht, wenn ich glaubte, im Recht zu sein, und nahm kaltblütig, ohne verletztes Ego, meine begrenzten Verluste hin, wenn ich glaubte, im Unrecht zu sein.

Eines meiner erfolgreichsten Geschäfte war das mit Cooper-Bes-Semer. Ich habe dreimal in diese Aktie gekauft, jedes Mal 200 Stück. Zwei Operationen endeten mit einem Verlust, aber die dritte brachte mir einen beträchtlichen ¬Gewinn. Hier sind die Einzelheiten dieser Käufe:

November 1956

Gebracht am
46 ($9,276.00)

Verkauft zu
45⅛ ($8,941.09)

Verlust
$334.91

Dezember 1956

Gebracht am
55⅜ ($11,156.08)

Verkauft zu
54 ($10,710.38)

Verlust
$445.70

Januar - April 1957

Gebracht am
57 ($11,481.40)

Verkauft zu
70¾ ($14,056.95)

Gewinn
$2,575.55

Einige andere Aktien, wie z. B. Dresser Industries und Reynolds Metals, haben sich ebenfalls gut entwickelt und mir zufriedenstellende Gewinne beschert.

Doch dann, im Sommer 1957, als ich mich in Singapur aufhielt, kam es zu einer erschütternden Reihe von Ereignissen.

Ich habe BALTIMORE & OHIO RAILROAD mit 56¼ gebracht. Ich dachte, es wäre in der 56/61-Box und würde weiter steigen. Aber es fing an, nach unten zu gehen, und ich verkaufte es bei 55.

Dann habe ich DOBECKMUN ausprobiert. Ich schätzte, dass es in einer 44/49 Box war, also brachte ich es mit 45. Sie begann durchzuhängen und ich verkaufte sie mit 41.

Ich habe DAYSTROM bei 44 geholt, weil ich dachte, dass er in die 45/50er Box steigt. Ich habe bei 42¼ verkauft.

Ich habe FOSTER WHEELER zu 61¾ mitgebracht. Ich dachte, er wäre in der 60/80 Box. Als es sich langsam gegen mich wendete, verkaufte ich knapp unter dem 60er Rahmen bei 59½.

AEROQUIP war der letzte. Ich hatte es zu Preisen von 23¼ bis 27⅝ mitgebracht. Ich beobachtete, wie er in Richtung 30 kletterte, und wartete darauf, dass sich die 31/35er Box entwickelt. Das geschah aber nicht. Ich wurde bei 27½ aus dem AEROQUIP ausgestoppt.

Schließlich, am 26. August 1957, stand ich ohne eine einzige Aktie da. Mein automatischer Stop-Loss hatte mich aus allem herausgekauft. In zwei Monaten hatte sich jede meiner Aktien langsam gedreht, und eine nach der anderen war durch den Boden ihrer Kisten gesunken. Und eine nach der anderen, auch wenn es nur um einen halben Punkt ging, wurde verkauft.

Das gefiel mir nicht, aber ich konnte nichts dagegen tun. Nach meiner Theorie musste ich mich einfach zurücklehnen und geduldig abwarten, bis eine oder mehrere der Aktien, aus denen ich ausgestoppt worden war, oder andere Aktien, die ich beobachtete, in eine neue höhere Box gingen.

Gespannt und ängstlich beobachtete ich von der Seitenlinie aus, ohne einen Dollar zu investieren, während die Preise weiter fielen.

Aber es schien sich keine Gelegenheit zu ergeben. Was ich nicht wusste, war, dass wir uns am Ende einer Phase des großen Bullenmarktes befanden. Es dauerte mehrere Monate, bis dies offensichtlich wurde und man den Markt zum Bärenmarkt erklärte. Die Hälfte der Wall-Street-Analysten diskutiert immer noch darüber. Sie sagen, es handele sich lediglich um eine Zwischenreaktion - ein vorübergehendes Anhalten des steigenden Marktes. Sie sind sich jedoch alle einig, dass die Preise zusammengebrochen sind.

Natürlich werden all diese Meinungen im Nachhinein geäußert - wenn es zu spät ist. Der Rat, aus dem Markt auszusteigen, war nicht verfügbar, als man ihn brauchte.

Ich erinnere mich an den Fall von Hitler, als er beschloss, in Stalingrad einzumarschieren¬. Für ihn war es nur eine weitere russische Stadt, die es zu erobern und zu besetzen galt. Als die Schlacht von Stalingrad geschlagen wurde, wusste niemand, dass dies der Wendepunkt des Krieges sein würde. Lange Zeit waren sich nur wenige Menschen dessen bewusst.

Selbst als die deutschen Armeen auf halbem Weg zurück waren, sprach man noch von einem strategischen Rückzug. Es war in der Tat das Ende Hitlers. Die Hausse im Nazikrieg endete an dem Tag, als Hitler Stalingrad angriff.

Ebenso erkannte ich, dass es mir unmöglich war, große historische Wendepunkte am Markt zu beurteilen, wenn sie sich ankündigten. Was mich faszinierte, als die Kurse an der Wall Street weiter fielen, war die allmähliche Erkenntnis, dass mein System des schnellen Ausstiegs mit meinen Stop-Losses eine solche ¬Einschätzung überflüssig machte¬.

Ich machte die freudige Entdeckung, dass meine Methode viel besser funktioniert hatte, als ich es mir erträumt hatte. Sie hatte mich automatisch befreit, lange bevor die schlechten Zeiten kamen. Der Markt hatte sich verändert - aber ich war bereits aus ihm heraus.

Der wichtigste Aspekt für mich war, dass ich absolut keinen Hinweis darauf hatte, dass der Markt fallen würde. Wie hätte ich auch Informationen haben können? Ich war die ganze Zeit über zu weit weg. Ich hatte mir keine Vorhersagen angehört, keine Fundamentaldaten studiert und keine Gerüchte gehört. Ich war einfach auf der Grundlage des Verhaltens meiner Aktien ausgestiegen.

Später, als ich die Aktien, die ich automatisch verkauft hatte, untersuchte, stellte ich fest, dass sie in der Rezessionsphase tatsächlich sehr tief gefallen waren.

Sehen Sie sich die folgende Tabelle an:

1957 verkaufte ich an
1958

Lowes-Preis
1986

Höchster Preis

BALTIMORE & OHIO
55
22⅝
45¼

DAYSTROM
42¼
30
39¾

FOSTER WHEELER
59½
25⅛
39⅛

AEROQUIP
27½
16⅞
25¾

ALLIED CONTROL
48¼
33½
46½

ABRICHTERINDUSTRIEN
54½
33
46⅝

FREUDENFERTIGUNG
68
38
54½

ALLEGHENY LUDLUM
56½
30⅛
49⅜

Als ich mir diese Tabelle ansah, dachte ich Folgendes: Hätten mich meine Stop-Loss-Käufe nicht aus dem Markt genommen, hätte ich etwa 50 % meiner Investition verlieren können. Ich wäre wie ein Mann in einem Käfig gewesen, eingesperrt mit meinen Beständen und hätte meine Chance auf ein Vermögen verpasst. Die einzige Möglichkeit, dem zu entkommen, wäre der Ausstieg gewesen, bei dem ich einen Verlust von 50 % hätte hinnehmen müssen, was ¬mich möglicherweise ruiniert ¬und mein Vertrauen in künftige Geschäfte schwer beeinträchtigt hätte.

Ich hätte diese Aktien natürlich auch kaufen und "weglegen" können. Das ist eine klassische Lösung für Leute, die ¬sich selbst als ¬konservative Anleger bezeichnen¬. Aber inzwischen halte ich sie für reine Glücksspieler. Wie können sie Nicht-Zocker sein, wenn sie bei einer Aktie bleiben, auch wenn sie weiter fällt? Ein Nicht-Zocker muss aussteigen, wenn seine Aktien fallen. Sie bleiben mit der ewigen Hoffnung des Zockers auf eine glückliche Wendung der Karten drin.

Ich dachte an die Leute, die 1929 250 für New York Central bezahlt haben. Hätten sie sie heute noch, wäre sie etwa 27 wert. Dennoch wären sie entrüstet, wenn man sie als Zocker bezeichnen würde!

In dieser Stimmung des Nicht-Spielens erhielt ich in der ersten Septemberwoche 1957 meine monatliche Abrechnung und begann, meine Konten zu überprüfen. Ich stellte fest, dass ich das Geld, das ich bei Jones & Laughlin verloren hatte, wieder aufgeholt hatte und dass mein ursprüngliches Kapital von 37.000 Dollar fast unversehrt war. Viele meiner Geschäfte waren mäßig erfolgreich gewesen, aber Provisionen und Steuern hatten einen großen Teil verschlungen.

Als ich mir die Konten genauer ansah, stellte ich fest, dass ich die wenig beneidenswerte Ehre hatte, aus dem größten Bullenmarkt der Geschichte mit viel Erfahrung, großem Wissen und viel mehr Vertrauen herauszukommen - und mit einem Nettoverlust von 889 Dollar.

KAPITEL 6. AUF DEM BABY-BEAR-MARKT

Nachdem ich einige Wochen ohne eine einzige Aktie war, beschloss ich, mir die Situation genauer anzusehen. Um sie besser zu verstehen, habe ich einen Vergleich zwischen den beiden Märkten angestellt.

Ich sah den Bullenmarkt als ein sonniges Sommerlager voller starker Sportler. Aber ich musste daran denken, dass einige Aktien stärker waren als andere. Der Bärenmarkt? Das Sommerlager hatte sich in ein Krankenhaus verwandelt. Die große Mehrheit der Aktien war krank - aber einige waren kränker als andere.

Als die Pause kam, waren fast alle Bestände verletzt oder gebrochen. Nun ging es darum, abzuschätzen, wie krank die Bestände waren und wie lange ihre Krankheit andauern würde.

Ich habe mir überlegt, dass eine Aktie, die von 100 auf 40 gefallen ist, mit ziemlicher Sicherheit lange Zeit nicht wieder auf denselben Stand steigen wird. Es war wie bei einem Sportler mit einem schwer verletzten Bein, der eine lange Erholungsphase benötigt, bevor er wieder wie früher laufen und springen kann. Ich hatte keinen Zweifel mehr daran, dass ich kein Geld verdienen konnte, indem ich eine Aktie kaufte und dann versuchte, sie anzufeuern. jones & laughlin hatten mich davon überzeugt. Ich erinnerte mich daran, wie ich fast spürte, wie ich die Aktie nach oben treiben wollte. Das war ein sehr menschliches Gefühl, aber es hatte genauso wenig Einfluss auf den Markt wie Zuschauer auf ein Pferderennen. Wenn ein Pferd gewinnt, wird es gewinnen, auch wenn Tausende von Zuschauern ein anderes anfeuern.

So war es auch jetzt. Ich wusste, dass, wenn ich eine Aktie kaufte und sich herausstellte, dass ich falsch lag, all das Jubeln und Drängen der Welt den Preis nicht um einen halben Punkt verändern würde. Und es war nicht abzusehen, wie weit der Markt noch fallen würde. Mir gefiel der Trend nicht, aber ich wusste, dass es sinnlos war, dagegen anzukämpfen.

Die Situation erinnerte mich an George Bernard Shaws Bemerkung bei der Premiere eines seiner Theaterstücke. Nachdem der Vorhang gefallen war, jubelten und klatschten alle, außer einem Mann, der buhte. G.B.S. ging zu ihm hin und sagte: "Mögen Sie mein Stück nicht?"

Der Mann antwortete: "Nein, das weiß ich nicht". Woraufhin Shaw sagte: "Ich auch nicht, aber was können wir zwei schon gegen all diese Leute ausrichten?"

Also akzeptierte ich alles so, wie es war - nicht so, wie ich es haben wollte. Ich blieb einfach an der Seitenlinie und wartete auf bessere Zeiten. Ich lehnte es entschieden ab, zu handeln - so nachdrücklich, dass mein Broker mir schrieb und nach dem Grund fragte. Ich versuchte es mit einem Scherz zu erklären: "Das ist ein Markt für Vögel. Ich sehe keinen Grund, warum ich an einem Vogelmarkt teilnehmen sollte."

Die darauf folgende Zeit verbrachte ich wie ein Läufer, der sich für das Rennen fit macht. Woche für Woche verfolgte ich die Notierungen in Barron's, obwohl ich keine Aktien besaß und der Markt sich in einem stetigen Abwärtstrend befand. Ich versuchte, die Aktien ausfindig zu machen, die sich dem Rückgang widersetzten. Ich ging davon aus, dass sie, wenn sie gegen den Strom schwimmen konnten, am schnellsten vorankommen würden, wenn sich die Strömung änderte.

Nach einer Weile, als die erste Pause auf dem Markt vorbei war, kam meine Chance. Einige Aktien begannen, sich dem Abwärtstrend zu widersetzen. Sie fielen zwar immer noch, aber während die meisten leicht fielen und der allgemeinen Marktstimmung folgten, gaben diese Aktien nur zögerlich nach. Ich konnte ihr Zögern fast spüren.

Bei näherer Betrachtung stellte ich fest, dass es sich dabei mehrheitlich um Unternehmen handelte, deren Gewinntrends stark nach oben zeigten. Die Schlussfolgerung lag auf der Hand: Das Kapital floss in diese Aktien, selbst in einem schlechten Markt. Dieses Kapital folgte den ¬Ertragssteigerungen wie ein Hund einer Fährte. Diese Entdeckung öffnete mir die Augen für eine völlig neue Perspektive.

Ich habe festgestellt, dass Aktien tatsächlich die Sklaven der Ertragskraft sind. Folglich beschloss ich, dass es zwar viele Gründe für jede Aktienbewegung geben kann, ich aber nur nach einem suchen würde: die Verbesserung der Ertragskraft oder die Erwartung einer solchen. Um dies zu erreichen, würde ich meinen technischen Ansatz mit dem fundamentalen verbinden. Ich würde Aktien aufgrund ihrer technischen Entwicklung auf dem Markt auswählen, sie aber nur dann kaufen, wenn ich die Verbesserung der Ertragskraft als fundamentalen Grund dafür angeben könnte.

So kam ich zu meiner techno-fundamentalistischen Theorie, die ich auch heute noch vertrete.

Was die praktische Anwendung anbelangt, so beschloss ich, eine 20-Jahres-Perspektive einzunehmen. Das bedeutete nicht, dass ich eine Aktie 20 Jahre lang halten wollte. Nichts war meinen Absichten mehr entgegengesetzt. Aber ich hielt Ausschau nach den Aktien, die mit der Zukunft verbunden waren und bei denen ich erwarten konnte, dass revolutionäre neue Produkte die Erträge des Unternehmens stark verbessern würden.

Bestimmte Industriezweige wie Elektronik, Raketen und Raketentreibstoff waren sofort offensichtlich. Es handelte sich um schnell expandierende, junge ¬Industrien, und wenn nichts Unvorhergesehenes geschah, sollte sich ihre Expansion bald auf dem Markt widerspiegeln. Aus meinen ¬Nachforschungen über die Geschichte des Aktienmarktes wusste ich, dass die Grundprinzipien, die für die Aktien der Zukunft gelten, an der Wall Street schon immer gültig waren. In den Jahren vor dem Automobil investierten die klugen ¬Unternehmer in Eisenbahnen, weil sie wussten, dass diese den Planwagen und die Postkutsche ablösen würden. Etwa eine Generation später verließen die klugen Investoren die Eisenbahn und stiegen in die ¬Automobilbranche ein¬. ¬Zukunftsorientierte, expandierende Unternehmen wie General Motors und Chrysler waren damals vergleichsweise kleine Firmen. Aber sie repräsentierten die Zukunft. Diejenigen, die sich damals in diese Unternehmen einkauften und während ihrer Expansionsphase dabei blieben, verdienten eine Menge Geld. Heute sind dies etablierte Aktien. Sie sind nichts für den zukunftsorientierten Spekulanten.

Das ist auch heute so, dachte ich mir. Nach der allgemeinen Theorie der schwungvollen Zukunft ¬sollten sich Aktien, die eine dynamische ¬Entwicklung versprechen¬, besser verhalten als andere. Eine solide Aktie, die im Einklang mit dem Jet-Zeitalter steht, könnte in 20 Jahren 20 Mal so viel wert sein.

Ich wusste, dass es bei dieser Art von Waren ebenso wie bei der Damenbekleidung bestimmte Moden gab, und wenn ich ¬Erfolg haben wollte¬, war es wichtig, nach modischen Waren zu suchen.

Die Frauenmode ändert sich, und das gilt auch für die Aktienmode. Etwa alle zwei bis drei Jahre heben oder senken Frauen ihren Saum um einen oder zwei Zentimeter.

Dasselbe gilt für Aktien. Solange die Mode anhält, steigen die vorausschauenden Anleger ein und bleiben dabei. Dann verblasst die Mode langsam und sie steigen aus. Sie stecken ihr Geld in eine Aktie mit einem neuen Stil. Ich wusste, dass ich diese Modeerscheinungen genau beobachten musste, sonst hätte ich vielleicht immer noch eine Aktie mit langem Rock gehalten, wenn die neuen Aktien schon in die Knie gingen. Außerdem könnte ich, wenn ich nicht sehr aufmerksam war, etwas sensationell Neues wie die Ära des großen Busens verpassen.

Das ist gar nicht so abwegig, wie es vielleicht scheint. Nehmen Sie ein mythisches Produkt wie ein Auto, das auch fliegen kann. Jeder stürzt sich auf die Aktien dieses Unternehmens. Doch in einem umgebauten Stall in Oregon arbeiten zwei Männer an einer Erfindung, die das fliegende Auto weit übertreffen wird.

Sobald es marktreif ist und ein entsprechendes Unternehmen gegründet wurde, wird das ursprüngliche fliegende Auto überflüssig werden. Seine Aktien werden ins Rutschen kommen. Es wird altmodisch werden.

Das ist eine zu starke Vereinfachung und löst nicht das Problem: Wie kann man sich in die diesjährige Mode einkaufen? Ich konnte das nur tun, indem ich ¬den Markt sorgfältig auf Anzeichen hin beobachtete. Wenn sich die Mode vom langen Rock zu entfernen schien, musste es eine andere Aktie geben, die im Begriff war, in Mode zu kommen und ihren Platz einzunehmen. Ich musste also Aktien finden, die hochgehandelt wurden, weil sie die Phantasie der Menschen für die Zukunft anregten.

Ausgehend von dieser Überlegung verfolgte ich aufmerksam die Börsennotierungen in dieser allgemeinen Gruppe von expandierenden Aktien, die auf das Jet-Zeitalter abgestimmt sind. Ich interessierte mich nicht für die einzelnen Produkte des Unternehmens, ob es sich nun um Metalle für Raketen, feste Brennstoffe oder fortschrittliche elektronische Geräte handelte. Tatsächlich wollte ich nicht wissen, was sie herstellten - diese Information könnte mich nur hemmen. Die Produkte des Unternehmens waren mir ebenso egal wie die Tatsache, dass der Vorstandsvorsitzende eine schöne Frau hatte. Aber ich wollte wissen, ob das Unternehmen zu einer neuen, kräftigen, jungen Industrie gehörte und ob es ¬sich auf dem Markt so verhielt, wie ich es wollte.

Das widersprach natürlich dem Rat vieler konservativ eingestellter Finanzjournalisten, die den Anlegern seit Generationen einhämmern, dass sie Unternehmensberichte und Bilanzen studieren und alles über die Hintergründe einer Aktie herausfinden müssen, um eine kluge Investition zu tätigen. Ich habe beschlossen, dass das nichts für mich ist. Unternehmensberichte und Bilanzen können nur die Vergangenheit und die Gegenwart wiedergeben. Über die Zukunft können sie nichts aussagen. Und für diese musste ich meine Pläne projizieren. Ich erkannte auch in aller Bescheidenheit, dass dies nur meine Einstellung war. Ich war auf der Suche nach Kapitalerträgen. Eine Witwe, die nach Dividendeneinkünften sucht, muss anders denken.

Während ich um die Welt flog, war ich ständig auf der Suche nach Aktien, die aufgrund ihrer Zukunftsvisionen in die Stratosphäre aufsteigen würden. Diese Einstellung war eine Vorbereitung auf das, was man wohl als High-Territory-Trading bezeichnen könnte. Ich suchte nach Aktien, von denen ich glaubte, dass sie neue Höchststände erreichen könnten, und ich beschloss, ihnen meine volle Aufmerksamkeit zu schenken, wenn sie die Startrampe erklommen hatten und sich anschickten, in die Höhe zu schießen. Jetzt würden diese Aktien teurer sein als je zuvor, und deshalb würden sie dem Uneingeweihten zu teuer erscheinen. Aber sie könnten noch teurer werden. Ich entschied mich, hoch zu kaufen und höher zu verkaufen.

Mit meiner hart erarbeiteten Ausbildung versuchte ich fleißig, diese teuren, aber billigen Aktien mit hoher Geschwindigkeit zu finden. Ich suchte ständig nach ihnen, weil ich sicher war, dass sie beim ersten Anzeichen eines besseren Marktes steigen würden.

Ich beobachtete sorgfältig ein Dutzend Aktien, die in diese Kategorie zu fallen schienen, überprüfte ihre Notierungen jede Woche und analysierte ihr Verhalten auf Anzeichen einer Verhärtung.

Ich beobachtete die Kursentwicklung genau und achtete auch auf ungewöhnliche Aktivitäten. Ich hatte nicht vergessen, wie ¬wichtig das Volumen ist.

Ich bereitete mich auch darauf vor, mit höherpreisigen Aktien zu arbeiten. Das lag an den Maklerprovisionen. Als ich die Sätze untersuchte, stellte ich fest, dass es billiger war, 10.000 Dollar in eine 100-Dollar-Aktie zu investieren als in eine 10-Dollar-Aktie. Dies ist der Grund:

Nehmen wir an, ich wollte meine 10.000 Dollar in eine Aktie investieren. Ich könnte dies auf verschiedene Weise tun.

Ich könnte zum Beispiel kaufen:

1000 Anteile von 10 $-Aktien

oder

500 Anteile von 20 $-Aktien

oder

100 Anteile von 100 $-Aktien

Die Provisionssätze der New Yorker Börse waren:

Preis der Aktie	Provision pro 100 Aktien
$ 1	$ 6
$ 5	$10
$10	$15

$20
$25

$30
$30

$40
$35

$50
$40

$100
$45

Meine 10.000 Dollar zu investieren würde mich etwas kosten (Kauf plus Verkauf):

Im Falle der 10-Dollar-Aktie
$300

Im Falle der 20-Dollar-Aktie
$250

Im Falle der 100-Dollar-Aktie
$90

Wenn meine Kaufentscheidung richtig war, war die Maklerprovision nicht wichtig. Sie wurde von meinem Gewinn abgezogen. Aber wenn mein Timing falsch war und ich ausgestoppt wurde, war das eine andere Sache. Dann mussten die beiden Provisionen, eine für den Kauf und eine für den Verkauf, zu meinem Verlust hinzugerechnet werden. Sie sehen also, dass meine Fehler viel weniger kostspielig wären, wenn ich höher bewertete Aktien kaufen würde.

Als ich sah, wie der Markt kontinuierlich sank, wusste ich, dass er nicht ewig sinken konnte. Früher oder später würde es mit den Aktien wieder aufwärts gehen. Das hatten sie immer getan. Auf Bärenmärkte folgten immer Bullenmärkte. Die Kunst bestand darin, auf die ersten Anzeichen zu achten, sich zu vergewissern, dass sie echt waren, und zu kaufen, bevor alle anderen es bemerkten und die Preise zu hoch stiegen.

Ich musste an die Schlacht von Waterloo zurückdenken. Bei dieser berühmten Schlacht hatte Rothschild einen Agenten, der sich, sobald der Sieg ¬sicher war¬, nach London aufmachte und Rothschild informierte. Rothschild fing an, alle Aktien der britischen Regierung zu kaufen, die er finden konnte, bevor irgendjemand sonst die Nachricht erfuhr. Als dies geschah, schossen ¬die Aktien natürlich in die Höhe und Rothschild verkaufte sie mit großem Gewinn. Das Prinzip ist an der Wall Street auch heute noch dasselbe. Die Kommunikation ist zwar viel schneller geworden, aber die alte Kunst ist immer noch dieselbe - schneller einzusteigen als der andere.

Das war die Position, für die ich mich nun fünf Jahre lang ausgebildet hatte. Ich wusste, dass ich enorm viel gelernt hatte. In meiner Zeit als Kanadier hatte ich gelernt, nicht zu zocken; in meiner Zeit als Fundamentalist hatte ich etwas über Branchengruppen und ihre Gewinntrends gelernt; in meiner Zeit als Techniker hatte ich gelernt, wie man das Kursgeschehen und die technische Lage von Aktien interpretiert - und jetzt ¬verstärkte ich mich selbst, indem ich alles zusammenfügte. Es war wie die ¬Lösung eines faszinierenden Puzzles, bei dem am Ende alle Teile schön an ihren Platz fallen. Ich war sicher, dass sich diese Methode in Zukunft als erfolgreich erweisen würde. Ich fühlte mich ruhig und zuversichtlich und wartete darauf, dass sich das Blatt wendete.

Nach ein paar Monaten begann das, worauf ich gewartet hatte, zu geschehen. Bei der Lektüre von Barton's bemerkte ich, dass die Durchschnittswerte zwar immer noch rückläufig waren, wie schon seit einigen Monaten, aber einige Bestände begannen, fast so unbemerkt wie Primelknospen an einem Wintertag, aufzusprießen. Noch war es fraglich, ob diese zarten Triebe überleben oder vom Frost getötet werden würden. Doch als ich dieses langsame Erwachen bemerkte, ahnte ich das Ende des Baby-Bären-Marktes - zumindest für bestimmte Aktien.

Allerdings ahnte ich, dass die Marktführer des vergangenen Jahres wahrscheinlich nicht wieder an der Spitze stehen würden. Ich war mir sicher, dass sie ihren Platz in der Geschichte eingenommen hatten und vorerst nicht die gleichen schwindelerregenden Höhen erreichen würden, die den Anlegern, die ihnen ¬gefolgt waren, so viel Geld eingebracht hatten¬.

Ich musste neue finden. Später stellte sich heraus, dass dies richtig war, denn in dieser Zeit waren in den Börsenkursen einige Aktien versteckt, die offensichtlich für ¬niemanden von Interesse waren¬. Damals, im November 1957, waren sie für mich sicherlich uninteressant. Ich hatte kaum von ihnen gehört.

Sie waren:

Universelle produkte
zitiert bei
20

Thiokol chemica
zitiert bei
64

Texas-Instrumente
zitiert bei
23

Zenitfunk
zitiert bei
116

Fairchild-Kamera
zitiert bei
19

Diese Aktien waren nicht tot. Sie schliefen nur den verheißungsvollen Schlaf der Ungeborenen. Eines Tages würden sie erwachen. Sie würden den Sprung an die Spitze des Marktes schaffen. Sie würden mir 2.000.000 Dollar einbringen.

KAPITEL 7. DIE THEORIE BEGINNT ZU WIRKEN

Während die meisten Aktien an der Wall Street schwankten oder fielen, setzte ich meine Tanztournee durch die Welt fort. Im November 1957 trat ich im "Arc En Ciel" in Saigon auf, als ich in Barron's eine mir unbekannte Aktie namens LORILLARD entdeckte.

Damals wusste ich noch nicht, dass es sich um den Hersteller einer bestimmten Marke von Filterzigaretten handelte und dass der Filterzigarettenwahn gerade dabei war, Amerika zu überschwemmen, was die Produktion in astronomische Höhen trieb. In Saigon wusste ich nur, dass Lorillard wie ein Leuchtturm aus dem Sumpf der sinkenden Aktien auftauchte. Trotz des schlechten Marktes stieg sie von 17 bis in der ersten Oktoberwoche an und etablierte sich in der engen Box 24/27. Das Volumen dieser Woche betrug 126.700 Aktien, was in starkem Kontrast zu den üblichen 10.000 Aktien zu Beginn des Jahres stand.

Der stetige Anstieg des Kurses und das hohe Volumen zeigten mir, dass das Interesse an dieser Aktie sehr groß war. Was die Fundamentaldaten anbelangt, so war ich zufrieden, sobald ich von der großen Akzeptanz der "Kent"- und "Old Gold"-Zigaretten erfuhr. Ich beschloss, dass ich die Aktie kaufen würde, wenn sie Anzeichen für einen Anstieg über 27 zeigte.

Ich bat meinen Broker, mir tägliche Kurse zu übermitteln. Aus diesen Kursen ging bald hervor, dass einige sachkundige Leute trotz der allgemeinen Marktlage versuchten, in diese Aktie einzusteigen. Nur wenige ahnten damals, dass Lorillard an der Wall Street Geschichte schreiben würde, dass die Aktie in relativ kurzer Zeit auf einen erstaunlichen Höchststand steigen würde, der von der staunenden und staunenden Finanzwelt beobachtet werden würde.

Wir befanden uns auf dem Tiefpunkt des Babybärenmarktes und die ¬Stimmung war eher düster. Aber als ob der ¬allgemeine Pessimismus sie ¬nicht stören würde¬, hüpfte Lorillard fröhlich in seinem kleinen Käfig auf und ab.

Mitte November 1957 wurde sie sogar noch unabhängiger und begann, sich nach oben zu bewegen, was ich auf eine 27/32er Box schätzte. Diese isolierte

Stärke angesichts der allgemeinen Schwäche war für mich sehr beeindruckend. Ich hatte das Gefühl, dass ich genügend Beweise für seine Stärke hatte, und beschloss, in einem Bärenmarkt ein Bulle zu werden. Ich schickte das folgende Telegramm aus Bangkok:

"KAUF VON 200 LORILLARD 27½ AUF STOP MIT 26 STOPLOSS"

Wie Sie sehen, habe ich, obwohl ich mich mit meinen technischen und fundamentalen Ansichten ziemlich sicher fühlte, nicht einen Moment daran gedacht, meine wichtigste Verteidigungswaffe aufzugeben - die Stop-Loss-Order. Egal wie gut Ihr Haus gebaut ist, Sie würden nicht auf die Idee kommen, es nicht gegen Feuer zu versichern.

Innerhalb weniger Tage erhielt ich die Bestätigung, dass ich 200 Lorillard zu 27½ gekauft hatte. Ich war sehr zufrieden mit meinem Kauf und machte mich auf einen großen Anstieg gefasst.

Das kam, aber nicht so, wie ich es erwartet hatte. Meine erste ¬Erfahrung war enttäuschend. Am Dienstag, dem 26. November, fiel die Aktie genau auf meinen Stopp-Loss von 26 zurück, und ich war ausverkauft. Zu allem Überfluss begann die Aktie Sekunden, nachdem ich ausgestoppt worden war, zu steigen und schloss bei 26¾.

Die Reaktion war jedoch so kurz und der anschließende Anstieg so stark, dass ich beschloss, wieder einzusteigen. In derselben Woche kaufte ich meine Aktien zu 28¾ zurück. Wieder setzte ich meinen Stop-Loss bei 26 fest.

Aber dieses Mal war das Verhalten von Lorillard perfekt. Im Laufe der Tage stellte ich mit Genugtuung fest, dass die Notierungen nie in die Nähe meines Stop-Loss kamen. Das war ein sicheres Zeichen dafür, dass ich auf dem richtigen Weg war und dass meine Theorie auf diese Aktie zutraf.

Ich hatte zufällig Recht. Im Dezember 1957 stieg Lorillard über 30 und bildete eine neue 31/35-Box. Meine Erfahrungen mit ähnlichen Aktienbewegungen in der Vergangenheit sagten mir, dass es sich um eine Akkumulation handelte. Ich hatte das Gefühl, dass ich die richtigen Aktien hatte. Nun ging es darum, zum richtigen Zeitpunkt mit mehr Geld einzusteigen.

Ich habe meine täglichen Zitate sorgfältig beobachtet. Ich suchte nach dem richtigen Moment, so wie ein Boxer nach einer Gelegenheit sucht, seinen Schlag zu landen. Gegen Ende Januar, nach einer Fehlbewegung, kam es zu dem großen Durchbruch, den ich erwartet hatte, und Lorillard begann, sich entscheidend aus seiner Box herauszubewegen.

Dies schien der ideale Zeitpunkt zu sein. Alles war ¬ermutigend - die technische Entwicklung, die Fundamentaldaten, das Muster. Außerdem hatte die New Yorker Börse gerade ihre Einschussanforderungen von 70 % auf 50 % gesenkt. Das bedeutete, dass mein begrenztes Kapital jetzt viel mehr Kaufkraft hatte. Für 1.000 Dollar konnte ich Aktien im Wert von 2.000 Dollar kaufen. Das war wichtig für mich, denn ich brauchte mein Kapital für eine andere Aktie, die ich zu diesem Zeitpunkt beobachtete.

Ich war auf dem Flug von Bangkok nach Japan. Von dort aus schickte ich meine Kabel aus, um meinen Bestand um weitere 400 Aktien zu ergänzen. Diese wurden für mich zu 35 und 36½ gekauft.

In den folgenden Wochen verhielt sich die Aktie weiterhin vorbildlich. Es war spannend zu beobachten, wie sich meine Theorie ¬in der Praxis bestätigte¬. ¬Während ich ¬tanzend¬ um die Welt reiste¬, tanzte Lorillard unaufhörlich in seiner Box herum. Er tat dies für eine kurze Zeit und bewegte sich dann mit einem tadellosen, fast vorhersehbaren Schwung in die darüber liegende Schachtel, und die Lorillard-Schachteln begannen sich wie eine schön konstruierte Pyramide aufeinander zu stapeln. Ich beobachtete sie fasziniert. Ich hatte noch nie eine Aktie gesehen, die sich so perfekt verhielt. Sie verhielt sich so, als wäre meine Theorie um sie herum gebaut worden.

Am 17. Februar 1958 stieg der Kurs von Lorillard auf 44⅜. Ich war sehr zufrieden mit mir und der Aktie, als ich zwei Tage später in Tokio ein Telegramm erhielt, das mich erschreckte.

An einem einzigen Tag waren meine Aktien auf ein Tief von 36⅜ gefallen und schlossen bei 37¾.

Ich war verblüfft. Dieser Schritt war völlig unerwartet. Ich wusste nicht, wie ich sie erklären sollte. Ich telegrafierte schnell nach New York und erhöhte meinen Stop-Loss auf 36, weniger als 2 Punkte unter dem Schlusskurs des Tages.

Ich war der Meinung, dass ich im Falle eines Kursrückgangs ausverkauft wäre und trotzdem einen schönen Gewinn bei meinem ersten Kauf erzielen würde.

Da ich in Tokio war, konnte ich die Gerüchte an der Wall Street, die die Aktie an diesem Tag nach unten getrieben hatten, nicht kennen. Ich wusste nur, dass sie sich schlecht entwickelte. Später fand ich heraus, dass es einen Bericht gab, in dem es hieß, dass Filtertips nicht so wirksam gegen Lungenkrebs seien, wie behauptet wurde, und dies hatte viele Leute in Panik aus der Aktie getrieben.

Glücklicherweise war der Rückschlag sehr kurz, und mein Stop-Loss wurde nicht berührt. Dies überzeugte mich von der Stärke der Aktie und ich beschloss, weitere 400 Aktien zu kaufen. Ich zahlte 38⅝.

Fast sofort ließen wir diesen Preis hinter uns. Die Kostenvoranschläge kamen herein: 39⅜-40¼-42.

Ich war sehr glücklich. Ich fühlte mich, als wäre ich Teilhaber an einer gewaltigen neuen Entwicklung geworden. Alles sah so aus, als hätte ich es geplant.

Zu diesem Zeitpunkt erhielt ich von meinem Broker drei Wochen lang die Ausgaben eines bekannten Beratungsdienstes. Woche für Woche empfahl dieser Dienst seinen Abonnenten dringend, Lorillard leer zu verkaufen. Die dritte Empfehlung lautete wie folgt:

"Lorillard lag letzte Woche offensichtlich unter der Ausschüttungsgrenze von 44, nachdem wir Ihnen gesagt hatten, dass Sie auf der Short-Seite beginnen sollten."

Das hat mich erstaunt, aber ich war schon lange so desillusioniert von Beratungsdiensten, dass ich dem keine Beachtung schenkte.

Stattdessen fing ich an, jedem amerikanischen Touristen, der mir gegenüber den Aktienmarkt erwähnte, Lorillard zu empfehlen. Ich habe wirklich ¬versucht, hilfreich zu sein. Mein Enthusiasmus lässt sich am besten durch eine Begebenheit illustrieren, die sich eines Tages im Erawan Hotel in Bangkok ¬ereignete. Eines ¬Nachmittags beim Mittagessen wurde ich dem Präsidenten einer der größten amerikanischen Reedereien vorgestellt. Während unseres Gesprächs erwähnte er, dass sich seine Aktienbestände auf 3.000.000 Dollar beliefen. Sie waren wie folgt aufgeteilt:

Standard Oil (New Jersey) im Wert von 2.500.000 $, Lorillard im Wert von 500.000 $.

"Was hältst du davon?", fragte er. Was ich davon halte? Er hätte keinen besseren Mann fragen können.

Ich habe ihm sofort gesagt, er solle alle seine Jersey-Standard-Positionen verkaufen und seine Mittel in Lorillard umschichten. Das hätte ich auch getan.

Ein Jahr später traf ich ihn auf einer Party in New York, Lorillard war damals über 80.

"Was ist Ihr neuester Börsentipp?", fragte er mich.

"Ratschläge?" sagte ich. Ich war erstaunt. "War der Ratschlag im Wert von 3.000.000 Dollar, den ich Ihnen in Bangkok gegeben habe, nicht genug?"

"Das wäre es gewesen", sagte er. "Wenn ich es befolgt hätte." In der dritten Märzwoche 1958 nahm Lorillard einen noch deutlicheren Aufwärtstrend. Er stieg in einer Woche um 4 1/8 Punkte, sein Volumen stieg auf erstaunliche 316.600 und er etablierte sich entscheidend in der 50/54 Box.

In der zweiten Aprilwoche verließ LORILLARD seine neue Box. Er stieg auf ein neues Hoch von 55¼, fiel aber sofort wieder auf sein früheres Niveau von 50/54 zurück. Da ich keinen weiteren Kauf in Erwägung zog, hat mich dies nicht übermäßig beunruhigt. Allerdings habe ich meinen Stop-Loss vorsichtig auf 49 erhöht.

Auch ich schwankte einen Moment und war kurz davor, zu verkaufen, entschied mich dann aber dagegen. Inzwischen hatte ich mir beigebracht, geduldig zu sein, und obwohl ich bei meinem ersten Kauf leicht einen Gewinn von 20 Dollar pro Aktie hätte erzielen können, lehnte ich mich zurück und war entschlossen, nicht zu schnell einen Gewinn zu erzielen.

Meine Kostenangaben für Lorillard waren:

200 Anteile zu 28¾
$5,808.76

200 Aktien zu 35
$7,065.00

200 Anteile zu 36½
$7,366.50

400 Aktien zu 38⅝
$15,587.24

Insgesamt 1.000 Anteile
$3 5,827.50

Die letzten drei Käufe tätigte ich mit einer Marge von 50 %. So konnte ich den Rest meines Kapitals für eine weitere Investition behalten, die sich als Aktie namens Diners' Club herausstellte. Ich interessierte mich erstmals zum Jahreswechsel für diese Aktie, als ich noch mit Lorillard kämpfte.

Diners' club hatte gerade einen 2-für-l-Split durchgeführt, und in der letzten Januarwoche 1958 stieg das wöchentliche Volumen auf 23.400, was ich für ¬diese Aktie für ungewöhnlich hoch hielt.

Da dieser Anstieg des Volumens mit einem Kursanstieg einherging, beschloss ich, die Fundamentaldaten der Aktie zu prüfen. Sie waren ermutigend. Das Unternehmen war ein Beinahe-Monopolist in einem ¬expandierenden Bereich. Das Kreditkartensystem, bei dem es zu den Pionieren gehörte, war fest etabliert. Die Erträge des Unternehmens befanden sich in einem eindeutigen Aufwärtstrend. In Anbetracht dieser Faktoren kaufte ich 500 Aktien zu 24½. Mein Stop-Loss lag bei 21 ⅝.

Die Frage war nun, in welche Richtung sich die Aktie entwickeln würde. Bei meinem ersten Kauf von Lorillard hatte ich bereits einen Gewinn erzielt, und ich dachte, dass ich ihn im schlimmsten Fall bei Diners' Club verlieren würde. Aber das tat ich nicht. Einige Tage nach meinem Kauf begann die Aktie zu steigen.

Gemäß meiner Theorie kaufte ich sofort weitere 500 Aktien - zu 26 1/8. Bei beiden Käufen nutzte ich den neuen 50%igen Kursanstieg.

Das Muster entwickelte sich perfekt - zunächst eine 28/30-, dann eine 32/36-Box. Der letzte Durchbruch wurde von einem Volumen von 52.600 Aktien in der Woche begleitet. Dies war mehr als jedes andere Wochenvolumen in der Geschichte der neu aufgeteilten Aktie.

Als ich sah, wie sich meine Gewinne auftürmten, vergaß ich nicht einen Moment lang, meine Stop-Loss-Versicherung hinter den Anstieg zu setzen. Zuerst erhöhte ich ihn auf 27, dann auf 31.

In der vierten Märzwoche drang die Aktie in eine neue 36½/40er Box ein und schien sich dort zu etablieren. Ich fasste meine Position in DINERS' CLUB zusammen. Ich hatte gebracht:

500 Anteile zu 24½
$12,353.15

500 Aktien zu 26⅛
13,167.65

Insgesamt 1.000 Anteile
$25,520.80

Ich hatte bereits einen Gewinn von mehr als 10.000 Dollar. Dennoch musste ich meiner Theorie nach durchhalten. Die Aktie verhielt sich so, als würde sie noch weiter steigen. Alle Anzeichen deuteten darauf hin.

Doch plötzlich, ganz unerwartet, begannen meine Kabel anders zu lesen. Es war schwer zu verstehen, warum, aber ich begann mich unwohl zu fühlen. Die Aktie schien ihren Willen zum Aufstieg verloren zu haben. Es sah so aus, als würde ihre letzte Pyramide zögern, um den Rückwärtsgang einzulegen. Sie schien fast zu stürzen. Um nicht in einen Zusammenbruch verwickelt zu werden, beschloss ich, meinen Stop-Loss auf die ungewöhnlich geringe Spanne von 36⅜ zu erhöhen.

In der vierten Aprilwoche trat das Ereignis ein, gegen das ich mich versichert hatte: Der Diners Club durchbrach die untere Grenze seiner Box und ich war ausverkauft. Ich erhielt $35.848,85. Ich hatte einen Gesamtgewinn von 10.328,05 $ erzielt.

Zum ersten Mal - als ich in meinem Zimmer im Imperial Hotel in Tokio saß und das Telegramm in der Hand hielt, auf dem stand, dass ich 10.000 Dollar Gewinn gemacht hatte - hatte ich das Gefühl, dass sich all meine Studien und Sorgen der letzten Jahre gelohnt hatten. Ich fing an, die Oberhand zu gewinnen.

Sechs Wochen später erhielt ich eine Nachricht, die mich in gewisser Weise noch mehr freute als die 10.000 Dollar, denn sie ¬bestätigte die ¬technische Seite meines Ansatzes vollständig¬. ¬Es wurde offiziell bekannt gegeben¬, dass American Express beschlossen hatte, einen Konkurrenten zu Diners' Club zu gründen. Dies war der Grund für das Zögern der Aktie in der Nähe der 36er-Marke¬ gewesen. Einige Leute hatten dies schon vor der Bekanntgabe gewusst und verkauften. Ohne es zu wissen, war ich ihr Partner.

Da ich mich im Fernen Osten befand, konnte ich unmöglich wissen, dass eine konkurrierende Organisation gegründet worden war. Doch die technische Seite meines Systems, die sich auf die Kursentwicklung stützt, hatte mich gewarnt, auszusteigen.

Während der ganzen Zeit, die ich mit loriixard und diners' club verbracht habe, habe ich es nie versäumt, die Notierungen anderer Aktien in Barron's zu verfolgen. Dabei stellte ich fest, dass ein großes Interesse an einer Aktie namens E. L. Bruce, einer kleinen Firma aus Memphis, bestand. Die Aktie war an der American Stock Exchange notiert. Bei näherer Betrachtung erfuhr ich, dass das Unternehmen Hartholzböden herstellte. Dies entsprach sicherlich nicht meinen grundlegenden Anforderungen, aber das technische Muster war so überzeugend, dass ich meine Augen nicht davon abwenden konnte.

Was mich erstaunte, war die Bewegung von e. l. bruce auf der Straße. Er wurde normalerweise unter 5.000 Aktien pro Woche gehandelt. Dann wachte sie ¬plötzlich auf und begann sich zu bewegen. In der zweiten Aprilwoche 1958 stieg das Volumen auf erstaunliche 19.100 Aktien. Danach kletterte ¬das wöchentliche Volumen auf 41.500-54.200-76.500 Aktien, wobei der Kurs wöchentlich um 5 bis 8 Punkte stieg, ohne dass es Anzeichen einer Abwärtsreaktion gab.

Bruce stieg von 18 im Februar auf 50 Anfang Mai. Erst dann kam seine erste Reaktion, die ihn auf 43J4 zurückbrachte. Ich konnte mir natürlich nicht sicher sein, aber diese Reaktion schien mir nur ein vorübergehender Halt, ein Auftanken zu sein. Ich hatte das Gefühl, dass er ¬weiter ansteigen würde¬. Ich versuchte, einen grundlegenden Grund dafür zu finden, aber ich konnte es nicht. Doch das Volumen war da, die Preisbewegung war da, der Rhythmus des Anstiegs war da.

Ich begann mich wie ein Mann zu fühlen, der in einem abgedunkelten Theater sitzt und -darauf wartet, dass sich der Vorhang für einen Thriller hebt. Auf dem Flug von Tokio nach Kalkutta grübelte ich jede Stunde ¬über die Bruce-Notierungen nach. Er hatte eine größere, freiere Bandbreite als die meisten Aktien, und ich konnte ihn nicht eindeutig einordnen. Als ich über den Indischen Ozean flog, entschied ich mich, eine Ausnahme zu machen. ¬Fundamentale Daten hin oder her, wenn die Aktie über 50 stieg, würde ich sie kaufen, und zwar eine Menge davon.

Aber ich brauchte Geld. Mein Diners-Club-Verkauf hatte einen Teil meiner Mittel freigesetzt, aber das war nicht genug. Ich hätte meine Ersparnisse verwenden können, aber nach dem Desaster von Jones & Laughlin hatte ich beschlossen, nie wieder mehr Geld zu riskieren, als ich mir leisten konnte zu verlieren¬, ohne mich zu ruinieren. Folglich habe ich nie wieder Geld aus meinen Einkünften aus dem Showbusiness in die Börse gesteckt.

Es blieb mir nichts anderes übrig, als meinen alten Freund lorillard unter die Lupe zu nehmen. Verhält er sich immer noch gut?

Das war sie nicht. Seine Durchdringungen waren nicht entscheidend, seine Reaktionen waren tiefer. Ich beschloss, mein Geld aus Lorillard zu nehmen und es in Bruce zu investieren. Ich verkaufte meine 1.000 Aktien in der zweiten Maiwoche zu einem Durchschnittspreis von $57\frac{8}{8}$. Der Gesamtpreis für den Verkauf betrug 56.880,45 $. Mein Gewinn bei diesem Geschäft betrug 21.052,95 $.

Zusammen mit den 10.000 Dollar, die ich mit dem Diners' Club verdient hatte, bedeutete dies, dass ich mein Kapital in fünf Monaten fast verdoppelt hatte. Ich war erfreut und stolz und bereit, wie ein Riesenkiller mit einer mächtigen und unberechenbaren Aktie wie Bruce umzugehen.

Auf diesen Kampf habe ich mich besonders vorbereitet. Nach dem Lorillard-Geschäft war ich zu dem Schluss gekommen, dass mein System so gut funktionierte, dass ich es nicht in die Hände eines einzigen Unternehmens legen wollte. Ich war der Meinung, dass es für mich schwierig werden könnte, wenn jemand meine Geschäfte verfolgen würde. Ich rief in New York an und eröffnete Konten bei zwei anderen Maklerfirmen.

In der dritten Maiwoche 1958 telegrafierte ich nach New York, um 500 Bruce zu 50¾ mit meinem automatischen On-Stop-Kaufauftrag zu kaufen. Ich habe einen Stop-Loss von 48 gesetzt.

In den folgenden Tagen entwickelte sich die Aktie so prächtig, dass ich beschloss, die bestehenden 50 % ¬Margenbedingungen voll auszunutzen¬. ¬Als ich sah, dass mein Stop-Loss nicht berührt wurde, ¬tätigte¬ ich ¬weitere Käufe, die jeweils durch Stop-Losses zwischen 47 und 48 geschützt waren. Ich ging davon aus, dass ich im Falle eines Ausstiegs nur meinen Gewinn aus dem Diner Club verlieren würde.

Dies sind die Einzelheiten meiner Einkäufe:

500 Anteile zu 50¾
$25,510.95

500 Aktien zu 51⅛
25,698.90

500 Aktien zu 51¾
26,012.20

500 Aktien zu 52¾
26,513.45

500 Aktien zu 53⅝
26,952.05

Insgesamt 2.500 Anteile
$130,687.55

Mein Timing war richtig, e. l. bruce begann wirklich zu steigen, als würde er von einem Magneten nach oben gezogen. Als ich ihn beobachtete, war ich erstaunt über die Art und Weise, wie er aufstieg. Es war spektakulär.

Ich saß einfach in Kalkutta und starrte auf meine täglichen Notierungen. Bald erfuhr ich, dass die Aktie auf über 60 gestiegen war. Nach einem kurzen Zögern brach sie dann plötzlich wieder aus. Bis zum 13. Juni war sie auf 77 gestiegen.

Selbst im fernen Indien war es offensichtlich, dass an der amerikanischen Börse etwas Fantastisches passierte. Ich musste einen harten Kampf mit mir selbst ausfechten, um nicht in New York anzurufen und herauszufinden, was vor sich ging. Nein, sagte ich mir, als ich meine Broker anrufen wollte, das würde nur Gerüchte bedeuten und du könntest etwas Dummes tun.

Niemandes Entschlusskraft und Geduld wurden so sehr auf die Probe gestellt wie ich, als ich im Grand Hotel in Kalkutta saß und mich fragte, was die Wall Street machte.

Ein paar Tage später wurde meine nagelnde Ungeduld durch einen Anruf aus New York in Schrecken versetzt. Es war einer meiner Makler, und mir blieb fast das Herz stehen. Er sagte: "Sie haben den Handel mit Bruce an der American Stock Exchange ausgesetzt." Ich ließ fast den Hörer fallen, als ich zuhörte. Ich war entsetzt. Der Handel mit Bruce-Aktien wurde eingestellt! Ich hatte über 60.000 Dollar, mein gesamtes Kapital, in die Aktie investiert. Hieß das, ich hatte mein Geld verloren? Nur mit Mühe gelang es mir, mich so weit zu konzentrieren, dass ich zuhören konnte. Es dauerte einige Minuten, bis ich mich genug erholt hatte, um zu hören, was er zu sagen hatte.

Da meine Emotionen Amok liefen, brauchte ich lange, um zu begreifen, dass ich keineswegs pleite war, sondern bruce nun für 100 Dollar pro Aktie im Freiverkehr verkaufen konnte. Ich war ¬völlig verwirrt. 100 Dollar pro Aktie! Was war das denn?

Ich zitterte, als er mir die Geschichte über das Telefon von New York nach Kalkutta erzählte.

Einige Händler an der Wall Street, die sich auf einen rein fundamentalen Ansatz stützten, waren zu dem Schluss gekommen, dass der Buchwert und die Erträge von Bruce darauf hindeuten, dass der Kurs der Aktie nicht über 30 $ liegen sollte. Daher hatten sie begonnen, die Aktie zwischen 45 und 50 leerverkauft, in der Zuversicht, dass sie ihre Schnäppchen machen könnten, indem sie die Aktie zu einem Preis zurückkaufen, der viel näher bei 30 liegt.

Sie machten einen schweren Fehler, denn es gab einen Faktor, von dem sie nichts wussten. Ein New Yorker Fabrikant namens Edward Gilbert versuchte, die Familie Bruce von der ¬Kontrolle über das Unternehmen zu verdrängen¬. Er und seine Partner versuchten, die Mehrheit der 314.600 Aktien zu erwerben, die die Familie Bruce besaß. Dieser Versuch hatte den Kurs in die Höhe schnellen lassen. Das Handelsvolumen war enorm, und innerhalb von zehn Wochen wurden mehr als 275.000 Bruce-Aktien gehandelt.

Die Leerverkäufer, die den Markt so falsch eingeschätzt hatten, drängten sich gegenseitig und trieben die Aktie in ihrem verzweifelten Bemühen, sie zu kaufen, in schwindelerregende Höhen. Sie wurden durch den mysteriösen Anstieg der Aktie mit heruntergelassenen Hosen erwischt und konnten die Aktien zu keinem Preis kaufen, um ihre Verpflichtungen zu erfüllen.

Schließlich ¬setzte die American Stock Exchange den Handel aus, da ein geordneter Markt aufgrund der ¬rasanten Geschäfte nicht mehr gewährleistet werden konnte¬. Für die verzweifelten Leerverkäufer machte dies jedoch keinen Unterschied. Sie mussten die Aktien immer noch liefern. Jetzt waren sie bereit, jeden Preis für Bruce zu ¬zahlen.

Ich hörte mir das alles wie betäubt an. Mein Makler fragte mich, ob ich ihn anweisen würde, zu diesem Preis zu verkaufen, da der Preis pro Aktie im Freiverkehr nun 100 betrug.

Ich dachte an meine täglichen Telegramme zurück und wie sie begonnen hatten, mir ein erstaunliches Bild von Bruce zu zeichnen. Ich erinnerte mich an die Tortur, die ich durchgemacht hatte, als ich mich dagegen sträubte, anzurufen, um herauszufinden, was los war, denn das würde unter die Rubrik "Gerüchte" fallen, von denen ich mir geschworen hatte, nie wieder darauf zu hören. Ich erinnerte mich daran, wie ich ausharrte, während meine täglichen Zitate mir den sensationellen Aufstieg von Bruce zeigten, und ich wusste nicht, was ich tun sollte.

Sollte ich trotzdem weitermachen? Ich stand vor einer sehr schwierigen Entscheidung. Mir wurde ein großer, verlockender Gewinn angeboten. Als ich meinem Broker zuhörte, fühlte ich mich stark dazu gedrängt, die Aktie zu verkaufen. Schließlich würde ich mit einem Verkauf zu 100 ein Vermögen verdienen.

Ich dachte angestrengt nach, während ich zuhörte. Dann traf ich eine der folgenreichsten Entscheidungen meines Lebens. Ich sagte: "Nein, ich werde nicht bei 100 verkaufen. Ich habe keinen Grund, eine steigende Aktie zu verkaufen. Ich werde sie beibehalten.

Das habe ich getan. Es war eine große und schwierige Entscheidung, aber sie erwies sich als genau richtig. In den nächsten Wochen erhielt ich mehrmals dringende Telefonanrufe, in denen mir immer höhere Angebote für meine Aktien von Maklern aus verschiedenen Teilen der Vereinigten Staaten gemeldet wurden. Ich ¬verkaufte die Aktien nach und nach auf dem Freiverkehrsmarkt in Blöcken von 100 und 200 Stück zu einem Durchschnittspreis von 171. Dies war mein erster wirklich großer Gewinn auf dem Markt. Ich machte 295.305,45 $ Gewinn mit dieser Operation.

Das war ein gewaltiges Ereignis für mich. Ich war so glücklich, dass ich nicht wusste, wohin ich mich wenden sollte. Ich erzählte jedem, der zuhören wollte, meine Geschichte. Ich zeigte ihnen meine Telegramme. Die einzige Reaktion war: "Wer hat Ihnen den Tipp gegeben?" Ich versuchte zu erklären, dass mir niemand ein Trinkgeld gegeben hatte, dass ich alles selbst gemacht hatte und dass ich genau aus diesem Grund so glücklich und aufgeregt war.

Niemand glaubte mir. Ich bin sicher, dass jeder meiner Freunde in Kalkutta noch heute glaubt, dass Mr. Gilbert selbst mich ins Vertrauen gezogen hat.

KAPITEL 8. MEINE ERSTE HALBE MILLION

Der überwältigende Erfolg meines Umgangs mit e. l. bruce hätte mich eifriger und weniger vorsichtig machen müssen. Doch irgendwie machte er mich noch vorsichtiger. Ich hatte in neun Monaten über 325.000 Dollar verdient, und ich war entschlossen, es nicht durch einen falschen Schritt zu verlieren. So viele Unternehmer haben in neun Monaten viel Geld verdient und es in neun Wochen wieder verloren. Ich beschloss, dass mir das nicht passieren würde. Der erste Schritt, den ich tat, war, die Hälfte meiner Gewinne aus dem Markt zu nehmen. Mit meinem verbleibenden Kapital beobachtete ich den Markt mit Argusaugen und hielt Ausschau nach möglichen neuen, braven Aktien. Wie so oft nach einem Umsturz hatte ich unmittelbar danach ein oder zwei Monate lang nur wenig Erfolg.

Ich habe vorsichtig 500 Molybdän-Aktien gekauft. Ich kaufte sie bei 27 und zahlte 13.606,25 $. Fast sofort wurde ich bei 26¼ ausgestoppt, so dass ich 13.123,78 $ zurückerhielt.

Ich habe mich an Haveg Industries versucht. Ich kaufte 500 Aktien zu 31⅜ und zahlte 15.860,95 $. Der Kurs drehte und es sah so aus, als würde er unter 30 fallen, also habe ich bei 30⅛ für 15.056,94 $ verkauft.

Als ich dann nichts Interessantes mehr sah, wagte ich mich zurück an Loril-Schmalz. Diese Aktie, die einst im Bärenmarkt wie ein Baum in der Wüste hervorstach, war nun zu einem ziemlich müden, trägen älteren Herrn geworden. Aber ich nehme an, dass ich eine sentimentale Bindung zu ihr hatte, weil sie beim ersten Mal so gut für mich gelaufen war. Lange Zeit konnte ich ihn nicht in Ruhe lassen. Er wurde zu meinem amerikanischen "Haustier". Das war eine völlig falsche Einstellung, aber ich konnte anscheinend nicht anders.

Dreimal habe ich mich eingekauft, weil ich glaubte, dass der Kurs ¬auf eine höhere Box zusteuert. Dreimal habe ich verkauft, weil die neue Box nicht zustande gekommen ist.

So sah die Operation Lorillard aus:

1.000 Aktien

Gekauft bei
70½ ($70,960.50)

Verkauft zu
67⅞ ($67,369.74)

Verlust
$3,590.76

500 Aktien

Gekauft bei
69⅛ ($34,792.05)

Verkauft zu
67¾ ($33,622.42)

Verlust
$1,169.63

1.000 Aktien

Gekauft bei
67¾ ($68,207.80)

Verkauft zu
67 ($66,495.66)

Verlust
$1,712.14

Das war's. Der dritte Verlust machte meine sentimentale ¬Bindung endgültig zunichte¬, und ich kaufte nicht mehr ein. Ich erkannte, dass Lorillard¬, das sich nun in einem sehr gemächlichen Tempo bewegte, offensichtlich keine Aktie mehr für mich war.

Nachdem ich mich aus Lorillard zurückgezogen hatte, habe ich mich zurückgelehnt und meine Gesamtposition bewertet.

Sie sah folgendermaßen aus:

Gewinn
Verluste

LORILLARD
$21,052.95
$6,472.53

DINERS' CLUB
10,328.05

E. L. BRUCE
295,305.45

MOLYBDENUM
482.47

DIE INDUSTRIE HAT
804.01

Insgesamt
$326,686.45
$7,759.01

Mein Gesamtgewinn betrug 318.927,44 Dollar.

Während der Zeit, in der ich in Lorillard ein- und ausstieg, suchte ich ständig nach Aktien, die zu meiner Theorie passen würden. Ein sehr wichtiger Faktor, der mich dazu veranlasste, die Suche zu vertiefen, war, dass der allgemeine Markt begann, stärker zu werden. Als ich diese Stärke spürte, wollte ich sie voll ausnutzen, indem ich so früh wie möglich in eine vielversprechende Aktie einstieg.

Unter den Aktien, die meine Aufmerksamkeit erregten, war ein kleines, unbekanntes Unternehmen namens Universal Products. Sie wurde um die 35 notiert und schwankte zwischen 35⅞ und 33⅛. Ich fand heraus, dass es sich um ein Elektronikunternehmen handelte, und hielt es daher für geeignet, meine techno-fundamentalistische Theorie zu erfüllen.

Im Juli 1958, als ich noch in Kalkutta war, fragte ich in New York nach täglichen Zitaten. Die Geschichte, die sie mir erzählten, war sehr vielversprechend. Meine jüngsten Lorillard-Verluste erinnerten mich jedoch daran, dass ich mich mehrmals hintereinander irren konnte, und ich wollte sehr vorsichtig handeln. Ich dachte, ich könnte die Entwicklung der Aktie besser einschätzen, wenn ich sie tatsächlich besäße, und beschloss daher, einen Testkauf zu tätigen. Ich schickte das folgende Telegramm ab:

"300 UNIVERSALPRODUKTE 35¼ ODER BESSER KAUFEN"

Als ich am nächsten Tag die Mitteilung erhielt, dass für mich 300 Aktien von Universal Products zu 35¼ gekauft worden waren, schaltete ich ein:

"ENTER STOPLOSS 32½"

Jetzt blieb nichts anderes übrig, als sich zurückzulehnen, zu beobachten und auf den nächsten Zug zu warten.

Zu dieser Zeit flog ich ziemlich häufig in Indien hin und her. Aber die Kabelnotierungen für Universalprodukte folgten mir überall hin. In der dritten Augustwoche 1958 war ich in Srinagar in Kaschmir, als ich feststellte, dass sich der Bestand zu festigen ¬begann. Ich telegrafierte:

"1200 UNIVERSALPRODUKTE KAUFEN 36½ AUF STOP 33 STOPLOSS"

Als ich ins Imperial Hotel in Neu-Delhi zurückkehrte, ¬erhielt ich ¬die Mitteilung:

"BRACHTE 1200 U 36½ AUF HALTESTELLE U 36¾ (37⅞ - 35⅜) USW"

Das bedeutete, dass ich meine Aktie bei 36½ gekauft hatte und sie bei 36¾ schloss. Sie entfernte sich zwar nicht entscheidend von meinem Kaufkurs, aber sie schloss über ihm. Nun stellte sich die Frage: Wird meine Aktie weiter steigen oder wird sie in ihre alte Box zurückkehren?

Ich war ziemlich aufgeregt. Obwohl ich bereits die Höhe meines möglichen Verlustes festgelegt hatte, ging es nun darum, ob meine Einschätzung richtig oder falsch war. Ich konnte das Kabel vom nächsten Tag kaum erwarten. Als sie schließlich eintraf, zeigte sie, dass die Universalprodukte bei 38 1/8 geschlossen hatten. Die Spanne für diesen Tag betrug 38¾-37½. Das bedeutete, dass ich Recht hatte - zumindest für den Moment.

In den nächsten Tagen stieg die Aktie weiter an, und als ich in Karatschi war, kaufte ich weitere 1.500 Aktien zu 40. Kurz darauf änderte Universal Products seinen Namen in Universal Controls und wurde im Verhältnis 2:1 geteilt. Die Aktie entwickelte sich weiterhin gut, aber nach meinem letzten Kauf beschloss ich, dass ich so viel Universal Controls hatte, wie ich tragen wollte.

Dies war meine genaue Position: (Die Preise in dieser und allen folgenden Tabellen sind Durchschnittswerte).

Pilotkauf von 300 Stück bei
35¼ ($10,644.93)

1.200 zu
36J4 ($44,083.56)

1.500 zu
40 ($60,585.00)

Insgesamt 3.000 Aktien
$115,313.49

Dadurch erhielt ich 6.000 Aktien des neuen Aktiensplits. Nun lehnte ich mich zurück und wartete ab, während die Aktie in die Höhe schoss.

Anfang Dezember, als ich sah, dass sich Universal Controls korrekt verhielt, empfahl ich die Aktie meinem Sekretär. Ich sagte ihm, er solle sie zu 31¾ kaufen. Ich sagte: "Wenn sie unter 30 fällt, nehmen Sie einen Verlust in Kauf und verkaufen Sie sie, andernfalls halten Sie sie für einen starken Anstieg. Wenn Sie einen Verlust hinnehmen müssen, werde ich ihn ausgleichen."

Zufälligerweise war sein Vater ein altmodischer, reiner Fundamentalist, und als er hörte, was ich vorgeschlagen hatte, sagte er seinem Sohn, er solle nicht so dumm sein. Sein Argument war: Welchen Sinn hat es, eine Aktie zu kaufen, wenn sie fallen könnte? Er meinte, man solle nur Aktien kaufen, die mit Sicherheit steigen würden - als ob man sich dessen sicher sein könnte. Er sagte auch, er wolle die Bücher des Unternehmens prüfen, um zu sehen, ob es in gutem Zustand sei.

Mein Sekretär befolgte den Rat seines Vaters. Er investierte kein Geld, sondern wartete ab, während der alte Mann die Bücher sorgfältig prüfte. Während er in diese Aufgabe vertieft war, stieg der Kurs auf 50.

Gleichzeitig mit den universellen Kontrollen beobachtete ich eine andere Aktie, deren Entwicklung mich faszinierte. Es war THIOKOL CHEMICAL.

Zum ersten Mal wurde ich im Februar 1958 auf die Aktie aufmerksam, als ich in Tokio war. Die Aktie war gerade mit 2:1 geteilt worden und wurde heftig gehandelt, bevor sie sich in eine 39/47er Box zurückzog. In diesem Bereich blieb sie mehrere Monate lang ruhig.

Als ich regelmäßig in Barron's nachschaute, sah dieser Ort der Ruhe aus wie ein Teich an einem Sommertag. Aber irgendwie hatte ich das Gefühl, dass es eine Ruhe war, die dem Sturm vorausgeht.

Im März telegrafierte ich nach New York:

"ZITAT THIOKOL"

Die Angebote trafen ordnungsgemäß ein, aber abgesehen von einigen Wochen kurzzeitiger Aufregung im April geschah nichts Nennenswertes. Nach ein paar Wochen schickte ich das folgende Telegramm aus Hongkong:

"STOPPEN SIE DIE THIOKOL-QUOTIERUNG UND BEGINNEN SIE ERNEUT MIT DER QUOTIERUNG, WENN DER WERT ÜBER 45 STEIGT".

Ich dachte mir, wenn er wieder den oberen Rand seines Kastens erreicht, ist das der Moment, ihn wieder zu beobachten. In der ersten Augustwoche begannen die Thiokol-Zitate ¬in meinen Telegrammen wieder aufzutauchen¬. Oberhalb von 45 sah es so aus, als ob er seine Muskeln für einen Aufwärtssprung anspannen würde. Ich entschied mich für einen Testkauf und telegrafierte:

"200 THIOKOL 47¼ KAUFEN"

Der Auftrag wurde zu diesem Preis zu einem Preis von 9.535,26 $ ausgeführt.

Danach dauerte es drei Wochen, bis Thiokol seine wahre Dynamik entfaltete. Ende August hatte ich das Gefühl, dass der Moment gekommen war. Ich telegrafierte nach New York:

"1300 THIOKOL 49½ AUF ANSCHLAG KAUFEN"

Der Kauf wurde am 2. September 1958 mit 49⅞ ausgeführt. Die Kosten betrugen 65.408,72 $.

Mit meinen 1.500 Aktien sah ich, wie die Aktie schnell über 50 stieg und im Bereich von 52-56 gehandelt wurde.

Eine Woche später erhielt ich die Mitteilung, dass Thiokol beschlossen hatte, Aktienrechte auszugeben. Diese wurden als Prämien an die Inhaber von Aktien zu einem Preis von einem Recht pro Aktie ausgegeben. Mit 12 dieser Rechte konnte man wiederum eine Thiokol-Aktie zum Sonderpreis von 42 $ kaufen. Da die Aktie über 50 notierte, war dies in der Tat billig - wenn man seine Aktienrechte ausüben wollte. Wenn nicht, konnte man sie an der American Stock Exchange verkaufen, wo sie für einen begrenzten Zeitraum notiert und gehandelt wurden.

Es gab jedoch noch ein weiteres wichtiges Merkmal dieser Rechte, das sie sehr interessant machte. Nach den ¬Börsenregeln ¬konnten Sie¬, wenn die Rechte zum Kauf von ¬Aktien des Unternehmens¬ verwendet wurden, ein ¬so genanntes "spezielles Zeichnungskonto" in Anspruch nehmen. Wenn Sie Ihre Bezugsrechte auf diesem Konto hinterlegten, konnte der Makler Ihnen bis zu 75 % des aktuellen Marktwerts der Aktie leihen. Außerdem fielen beim Kauf keine Gebühren an.

Ich griff eifrig zu. Hier bot sich mir die einmalige Gelegenheit, eine große Menge an Aktien auf Kredit zu kaufen. Ich beschloss, mich mit meinem gesamten freien Bargeld in diese Sache zu stürzen. Ich machte eine schnelle, grobe Bilanz meiner Position. Hier ist mein Stand:

Ursprüngliche Investition
$36,000

Gesamtgewinne (nach Abzug der Verluste)
$319,000

Gesamtes Kapital
$355,000

Abgehobenes Bargeld
160,000

Frei für Investitionen
$195,000

Einkäufe jetzt gehalten

3.000 UNIVERSELLE PRODUKTE
$115,300

1.500 THIOKOL
75,000

Insgesamt
$190,300

70% Barmittel nach den Regeln der Marge
$133,000

Frei für weitere Investitionen
$62,000

Doch nun entwickelte sich eine merkwürdige Situation. Als ich versuchte, meine Vereinbarung mit New York zu treffen, stellte ich fest, dass - trotz der Verordnung, die ein Darlehen von 75 % zulässt - ¬unter den Maklern große Uneinigkeit ¬über den Betrag herrschte, den ¬ich von ihnen auf einem speziellen Zeichnungskonto ¬leihen konnte. Während ein Makler nur bereit war, 75 % des Kaufpreises der Aktie zu leihen, war ein anderer bereit, volle 75 % des Marktwerts der Aktie vorzustrecken, da Thiokol um die 55 notiert war, wobei der letztgenannte Vorschlag eine ¬außerordentlich attraktive Kreditsituation darstellte. Ich habe das Angebot angenommen¬.

Ich kaufte 36.000 Rechte zu einem Durchschnittspreis von 1 5/16, für die ich 49.410 $ zahlte. Sie berechtigten mich zum Kauf von 3.000 Thiokol zu einem Preis von 42 $ pro Aktie. Diese kosteten mich 126.000 $, aber im Rahmen der Bezugsrechte ¬musste ich nur weitere 6.000 $ in bar hinzufügen. Der Rest des

Geldes wurde mir von einem meiner Makler geliehen. Diese Vereinbarung sah so günstig aus, dass ich mich entschloss, diese einzigartigen Kreditbedingungen weiter zu nutzen.

Ich habe herausgefunden, dass ich durch den Verkauf meiner ursprünglichen Partie von 1.500 Thiokol-Aktien im Rahmen der ¬Sonderzeichnungsregeln die doppelte Menge zurückkaufen kann¬.

Ich habe meine Aktien zu einem Durchschnittspreis von 53^2 verkauft. Dadurch erhielt ich eine neue Kaufkraft von 57.000 $. Damit kaufte ich ein zweites Paket von 36.000 Rechten. Genau wie bei der vorherigen Operation wandelte ich sie in ein zweites Paket von 3.000 Thiokol-Aktien um.

Der Vorgang sah folgendermaßen aus:

a. Verkauf von 1.500 Thiokol-Aktien

b. Kauf von 36.000 Thiokol-Rechten, und mit diesen

c. Kauf von 3.000 Thiokol-Aktien

Meine Gesamtkosten für 6.000 Anteile betrugen 350.820 $.

In der zweiten Dezemberwoche wechselte Thiokol von der amerikanischen zur New Yorker Börse. Der Kurs stieg sofort um 8 Punkte, und in der folgenden Woche erreichte er die 100er-Marke. Als es weiter aufwärts ging, muss mein Broker nervös geworden sein, denn ich erhielt ein Telegramm, in dem stand:

"IHR THIOKOL-GEWINN BETRÄGT JETZT 250.000 DOLLAR"

Dieser Gedanke kam mir, als ich im Hotel Georges V in Paris wohnte. Plötzlich wurde mir klar, dass ich so sehr damit beschäftigt war, die Kurse zu beobachten, dass ich fast vergessen hatte, dass sich die Papiergewinne auftürmten. Zusammen mit meinen Gewinnen in Bruce hatte ich nun einen Gewinn von über einer halben Million Dollar! Das war in der Tat viel mehr Geld, als ich jemals zu besitzen glaubte. Es würde mich zu einem reichen Mann auf Lebenszeit machen.

Die Erkenntnis, dass ich all dieses Geld besaß, kam mit verblüffender Plötzlichkeit zu mir. Jede Faser meines Wesens schien zu sagen: "Verkaufen, verkaufen". Es war die größte Versuchung auf der Welt.

Was sollte ich tun? Würde die Aktie noch weiter steigen - oder sollte ich meinen Gewinn mitnehmen und aussteigen? Vielleicht würde sie nicht weiter steigen - es könnte einen Rückschlag geben. Es war ein schreckliches Dilemma, das alte Dilemma des "wann soll ich verkaufen", das durch die große Menge an Geld, die auf dem Spiel stand, noch vergrößert wurde. Wenn ich hier das Richtige tat, würde das mein ganzes Leben verändern. Wenn ich das Falsche tat, würde ich es für immer bereuen.

Ich fühlte mich sehr allein. Niemand auf der Welt konnte mir einen Rat geben, was ich in dieser Situation tun sollte. Ich beschloss, allein auszugehen, ein paar Drinks zu nehmen und über die Situation nachzudenken. Bevor ich hinausging, setzte ich mich an meinen Schminktisch und schrieb auf ein Kärtchen: "¬Remember bruce!" Ich dachte, das würde mich daran erinnern, was ich in der Vergangenheit gelernt hatte.

Während ich durch Paris spazierte, fingerte ich immer wieder an diesem Kärtchen in meiner Tasche herum. Jedes Mal, wenn ich meinen Maklern ein Telegramm schicken wollte, in dem ich sie aufforderte, Thiokol zu verkaufen, zog ich dieses Kärtchen heraus, sah es an und zögerte.

Schließlich beschloss ich, nicht zu verkaufen. Das war das beste Beispiel für meine neue Markttechnik, und es war alles andere als einfach. Als ich wieder in meinem Hotel ankam, war ich erschöpft. Ich sah wohl eher wie ein Mann aus, der kurz vor dem Selbstmord steht, als einer, der gerade ein kleines Vermögen gemacht hat.

Aber ich hatte Recht, Thiokol stieg weiter an, und durch meine Entscheidung in Paris konnte ich die Aktie halten und viel mehr Geld mit ihr verdienen.

Ein paar Wochen später, im Januar 1959, kehrte ich nach New York zurück. Als ich auf dem Flughafen Idlewild landete, hatte ich 6.000 Thiokol und 6.000 Universalkontrollen in der Hand. Beide liefen sehr gut, Thiokol hatte die 100er-Marke erreicht und die Universalkontrollen waren auf 45 gestiegen.

In New York hatte ich als erstes einen Termin bei meinen Maklern, um mit ihnen über meine "Wall-Street-Geschäfte" zu sprechen. Sie sagten mir, dass ich laut ihren Büchern mit meinen Investitionen weit über eine halbe Million Dollar verdient hätte.

Ich fühlte mich beschwingt, zuversichtlich und erfolgreich. Ich buchte mir ein Zimmer im Plaza Hotel und beschloss, während meines Aufenthalts meine Börsengeschäfte aus der Nähe zu verfolgen.

Wie wenig wusste ich, dass ich mich darauf vorbereitete, einen kompletten Narren aus mir zu machen? Innerhalb der nächsten Wochen sollte ich mich in Pfeifentfernung zum Ruin bringen.

KAPITEL 9. MEINE ZWEITE KRISE

Die Nachricht über eine halbe Million Dollar gab mir enormes Selbstvertrauen. Ich hatte eine klare Vorstellung davon, wie ich es geschafft hatte, und ich war auch überzeugt, dass ich das Kunststück wiederholen konnte. Ich hatte keinen Zweifel daran, dass ich mein Handwerk beherrschte. Bei der Arbeit mit meinen Kabeln hatte ich eine Art sechsten Sinn entwickelt. Ich konnte meine Aktien "fühlen". Das war nicht anders als das Gefühl, das ein Musikexperte entwickelt. Sein Ohr erkennt eine flache Note, die für den normalen Hörer unhörbar ist.

Ich konnte fast vorhersagen, wie sich die Aktien entwickeln würden. Wenn eine Aktie nach einem Acht-Punkte-Vorsprung um vier Punkte zurückfiel, war ich nicht beunruhigt. Ich erwartete, dass sie genau das tun würde. Wenn eine Aktie anfing, sich zu festigen, konnte ich oft den Tag vorhersagen, an dem ihr Aufstieg beginnen würde. Es war ein mysteriöser, unerklärlicher Instinkt, aber es stand für mich außer Frage, dass ich ihn besaß. Das erfüllte mich mit einem ungeheuren Gefühl der Macht.

Es ist daher nicht verwunderlich, dass ich mir langsam vorstellte, ich sei ein Napoleon der Finanzen. Ich hatte das Gefühl, dass ich auf einer glitzernden Straße marschieren würde. Ich war mir keiner Gefahren bewusst. Ich wusste nicht, dass entlang des Weges ein gefährlicher Riese lauerte. Schließlich, so dachte ich mir selbstgefällig, wie viele Menschen könnten tun, was ich getan hatte?

Ich beschloss, wirklich zur Sache zu kommen. Wenn ich eine halbe Million verdienen konnte, was sollte mich daran hindern, zwei, drei oder sogar fünf Millionen zu verdienen? Obwohl die Margenanforderung kürzlich auf 90 Prozent erhöht worden war, war ich überzeugt, dass ich mit den 160.000 Dollar, die ich von meinen Bruce-Gewinnen beiseite gelegt hatte, den Grundstein für ein neues Vermögen legen konnte. Ich beabsichtigte, ernsthafte Tagesgeschäfte vor Ort zu tätigen - Geschäfte, die meine bisherigen Käufe und Verkäufe wie kleine Kartoffeln erscheinen lassen würden.

Die Wahrheit war, dass mein Kopf schwächer geworden war, als meine Tasche stärker geworden war. Ich wurde zu selbstsicher, und das ist die gefährlichste Geisteshaltung, die man an der Börse entwickeln kann. Es dauerte nicht lange, bis ich die bittere Lektion erhielt, die der Markt denjenigen erteilt, die glauben, ihn leichtfertig beherrschen zu können.

Nach einigen Tagen in New York beschloss ich, näher an den Markt heranzutreten. Ich war im Besitz eines, wie ich glaubte, narrensicheren ¬Systems und glaubte, dass mich nichts davon abhalten könnte, jeden Tag ein Vermögen zu verdienen, wenn ich mich dem Markt näherte. Als Schauplatz meiner künftigen Triumphe wählte ich das Uptown-Büro eines meiner Makler.

Bei meinem ersten Besuch im Büro war ich fasziniert. Der Sitzungssaal war groß, und die Stühle standen vor einer kleinen, sich ständig bewegenden Maschine, dem Börsenticker. Die Atmosphäre war aufregend, voller Elektrizität. Die Menschen im Raum waren nervös und aufgeregt wie die Gäste in Monte Carlo. Es herrschte ein Hauch von Action, Hektik und Lärm. Die Ticker tickten, die Schreibmaschinen hämmerten, die Telegrafenmaschinen klapperten, die Angestellten eilten umher. Aus allen Richtungen hörte ich Sätze wie: "Goodyear sieht für mich nicht gut aus." "Ich steige aus Anaconda aus." "Der Markt ist reif für eine Reaktion."

Am ersten Tag war ich von dieser angespannten, elektrischen Atmosphäre völlig unbeeindruckt. Mit meinem Erfolg im Rücken hatte ich das Gefühl, über den Sorgen, Hoffnungen und Ängsten dieser angespannten Menschen zu stehen. Aber das hielt nicht lange an. Als ich begann, Tag für Tag vom Sitzungssaal aus zu handeln, gab ich allmählich meine Distanz auf und begann, mich ihnen anzuschließen. Ich öffnete meine Ohren für die verwirrende Mischung aus Fakten, Meinungen und Gerüchten. Ich las die Börsenbriefe. Ich begann auch, Fragen zu beantworten wie: "Was halten Sie vom Markt?" oder "Was wissen Sie, was billig ist?" All dies hatte eine tödliche Wirkung auf mich.

Innerhalb weniger Tage warf ich alles über Bord, was ich in den letzten sechs Jahren gelernt hatte. Ich tat alles, was ich mir abgewöhnt hatte. Ich sprach mit Brokern. Ich hörte auf Gerüchte. Ich war die ganze Zeit über auf dem Ticker.

Es war, als ob der Dämon des schnellen Geldes von mir Besitz ergriffen hätte. Ich verlor völlig die klare Perspektive, die ich mir durch meine Kabel so sorgfältig aufgebaut hatte. Schritt für Schritt führte ich mich selbst auf einen Weg, auf dem ich begann, meine Fähigkeiten zu verlieren.

Das erste, was mich verließ, war mein sechster Sinn. Ich habe nichts "gespürt". Alles, was ich sehen konnte, war ein Dschungel von Aktien, die ¬ohne Sinn und Verstand auf und ab liefen. Dann ¬verlor ich meine ¬Unabhängigkeit. Ich verließ allmählich mein System und nahm die Haltung der anderen an. Das ¬erste, was ich wusste, war, dass ich der -Masse folgte. Mein Verstand verließ mich und das Gefühl übernahm die Oberhand.

Es ist leichter zu verstehen, wie schwierig es für mich war, an meinem System festzuhalten, wenn ich es so erkläre: Wenn man in einem überfüllten Theater "Feuer" ruft, was passiert dann? Die Menschen stürmen zum Ausgang, töten und ¬verletzen sich gegenseitig. Ein Ertrinkender wird sich wehren, seinen Möchtegern-Retter¬ festhalten und ihn vielleicht auch unter Wasser ziehen. Das sind unvernünftige, falsche Verhaltensweisen, aber der Instinkt wird sie diktieren.

Als ich der Menge folgte, begann ich mich auch so zu verhalten. Anstatt ein einsamer Wolf zu sein, wurde ich zu einem verwirrten, aufgeregten Lamm, das sich mit anderen herumtrieb und darauf wartete, beschnitten zu werden. Es war mir unmöglich, "nein" zu sagen, wenn alle um mich herum "ja" sagten. Ich wurde ängstlich, wenn sie ängstlich waren. Ich wurde hoffnungsvoll, wenn sie hoffnungsvoll waren.

So etwas war mir noch nie passiert, nicht einmal in meinen ersten Anfängerjahren. Ich verlor all mein Können und meine Kontrolle. Alles, was ich anfasste, ging schief.

Ich habe mich wie ein kompletter Amateur verhalten. Das sorgfältige System, das ich aufgebaut hatte, brach um mich herum zusammen. Jede Transaktion endete in einer -Katastrophe. Ich gab Dutzende von widersprüchlichen Aufträgen ein. Ich kaufte Aktien zu 55. Sie fielen auf 51 zurück. Ich blieb dran. Stop-Loss? Das war das Erste, was ich weggeworfen habe. Geduld? Urteilsvermögen? Hatte ich nicht. Boxen? Ich habe sie vergessen.

Im Laufe der Tage sah der Teufelskreis meiner Operationen wie folgt aus:

ICH HABE AN DER SPITZE GEKAUFT Sobald

ich kaufte,

begann die Aktie zu fallen Ich

bekam Angst

und verkaufte an der Talsohle

Sobald ich verkaufte,

begann die Aktie zu steigen Ich wurde gierig

und kaufte an der Spitze

Ich entwickelte eine ungeheure Frustration. Anstatt meiner eigenen Dummheit die Schuld zu geben, erfand ich verschiedene Gründe für meine Misserfolge. Ich begann, an "sie" zu glauben. "Sie" haben mich teuer verkauft. "Sie" kauften mir billig Aktien ab. Ich konnte natürlich niemandem sagen, wer "sie" waren, aber das hielt mich nicht davon ab, an sie zu glauben.

Der Kampf gegen "sie" - diese grauen Gespenster im Hinterkopf - machte mich rücksichtslos. Ich wurde starrköpfig. Obwohl die Aktien mich immer wieder schlugen, wischte ich mir jedes Mal das Blut ab und holte mir noch mehr. Ich redete mir immer wieder ein, dass ich dem Markt um mehr als eine halbe Million Dollar voraus war und ¬mir deshalb so etwas unmöglich passieren konnte. Wie falsch ich doch lag!

Es war eine Zeit der totalen Katastrophe. Ich verlor innerhalb weniger Wochen 100.000 Dollar. Eine detaillierte Auflistung meines Handels in dieser Zeit liest sich wie die Chronik eines Verrückten. Ich kann es immer noch kaum fassen. Heute weiß ich, dass der Grund dafür Egoismus war, der zu Eitelkeit führte, die wiederum zu übergroßem Selbstvertrauen führte, was wiederum zur Katastrophe führte. Es war nicht der Markt, der mich geschlagen hat. Es waren meine eigenen unvernünftigen Instinkte und unkontrollierten ¬Emotionen.

Ich kaufte Aktien und verkaufte sie ein paar Stunden später. Ich wusste, dass ich, wenn ich am selben Tag kaufte und verkaufte, mit einer Marge von nur 2,5 % auf meinem Konto arbeiten durfte. Anstatt davon zu profitieren, gelang es mir, jedes Mal mehrere tausend Dollar zu verlieren. So sicherte ich mir den Untergang:

2.500 UNTERNEHMEN

Gekauft bei
70 ($176,150.00)

Verkauft zu
63½ ($157,891.34)

Verlust
$ 18,258.66

1.000 RÖMISCHES KABEL

Gekauft bei
37 ($ 37,375.00)

Verkauft zu
31 ($ 30,724.48)

Verlust
$ 6,650.52

1.000 ALLGEMEINE ZEIT

Gekauft bei
47¾ ($48,178.80)

Verkauft zu
44¾ ($ 44,434.32)

Verlust
$ 3,744.48

500 ADRESSOGRAPH-MULTIGRAPH

Gekauft bei
124½ ($ 62,507.25)

Verkauft zu
116½ ($ 58,053.90)

Verlust
$ 4,453.35

1.000 REICHHOLD CHEMIKALIEN

Gekauft bei
63½ ($ 63,953.50)

Verkauft zu
16½ ($ 61,158.37)

Verlust
$ 2,795.13

2,000 BRAUNSCHWEIG-BALKE-COLLENDER

Gekauft bei
55½ ($111,891.00)

Verkauft zu
53½ ($106,443.46)

Verlust
$ 5,447.54

2.000 RAYTHEON

Gekauft bei
60½ ($121,901.00)

Verkauft zu
57¾ ($114,823.69)

Verlust
$ 7,077.31

2.000 NATIONALE FORSCHUNG

Gekauft bei
24½ ($ 49,625.00)

Verkauft zu
22 ($ 43,501.52)

Verlust
$ 6,123.48

4.000 AMERIKANISCHE METALLE - CLIMAX

Gekauft bei
32⅞ ($132,917.60)

Verkauft zu
31⅝ ($125,430.47)

Verlust
$ 7,487.13

3.000 AMERIKANISCHE MOTOREN

Gekauft bei
41¼ ($124,938.90)

Verkauft zu
40 ($119,094.60)

Verlust
$ 5,844.30

2.000 MOLYBDÄN

Gekauft bei
49½ ($ 99,875.00)

Verkauft zu
47½ ($ 94,352.50)

Verlust
$ 5,522.50

2.000 SHARON STAHL

Gekauft bei
48¼ ($ 97,362.60)

Verkauft zu
43¼ ($ 85,877.27)

Verlust
$ 11,485.33

1.000 WARNER LAMBERT

Gekauft bei
98½ ($ 98,988.50)

Verkauft zu
95½ ($ 95,127.09)

Verlust
$ 3,861.41

1.000 LUKENS STAHL

Gekauft bei
88 ($ 88,478.00)

Verkauft zu
81 ($ 80,640.48)

Verlust
$ 7,837.52

Totalverlust
$ 96,588.66

Wundert es Sie, dass ich nach dieser melancholischen Tabelle jedes Mal erschauderte, wenn ich die Aktien betrachtete?

Es war einfach so, dass ich zu viel las und versuchte, zu viel zu tun. Deshalb kam ich schnell an den Punkt, an dem ich die Zahlen der Börsenkurse zwar lesen konnte, sie mir aber nichts mehr sagten. Nicht lange danach kam eine noch schlimmere Phase. Verfolgt von nicht enden wollenden Verlusten, verängstigt durch die Verwirrung, geplagt von Gerüchten, konnte ich nicht einmal mehr die Zahlen sehen. Meine Koordination brach zusammen. Ich grübelte den ganzen Tag über Zahlenkolonnen, die meine Augen abtasteten, aber ich konnte sie nicht verarbeiten. Mein Verstand hatte sich vernebelt. Diese letzte Phase hat mich wirklich erschreckt. Ich fühlte mich wie ein Betrunkener, der den Bezug zur Realität verliert und nicht versteht, warum.

Am Ende einiger katastrophaler Wochen setzte ich mich nüchtern hin und überlegte, warum mir das passieren musste. Warum hatte ich in Hongkong, Kalkutta, Saigon und Stockholm den richtigen Riecher und verlor ihn, als ich nur eine halbe Meile von der Wall Street entfernt war? Worin lag der Unterschied?

Es gab keine einfache Lösung für dieses Problem, und lange Zeit war ich ratlos. Eines Tages, als ich im Plaza Hotel saß und Angst hatte, einen Anruf zu tätigen, wurde mir plötzlich etwas klar. Als ich im Ausland war, besuchte ich keine Sitzungssäle, sprach mit niemandem, erhielt keine Anrufe, sah keine Ticker.

Die Lösung wurde mir zugeflüstert, aber ich konnte sie zunächst nicht glauben. Sie war so überraschend, so einfach und doch so außergewöhnlich, dass ich sie kaum glauben konnte. Sie war es: Meine Ohren waren mein Feind. Es dämmerte mir wie eine Offenbarung, dass ich auf meinen Reisen im Ausland den Markt oder vielmehr die wenigen Aktien, an denen ich interessiert war, ruhig, neutral, ohne ¬Unterbrechung oder Gerüchte, völlig ohne Emotionen und Ego beurteilen konnte¬.

Ich hatte einfach auf der Grundlage meines täglichen Telegramms gearbeitet, das mir meine Perspektive gab. Es zeigte mir, wie sich meine Aktien verhielten. Es gab keine anderen Einflüsse, denn ich habe nichts anderes gesehen oder gehört.

In New York war das nicht so. Es gab Unterbrechungen, Gerüchte, Panik, widersprüchliche Informationen, die mir ins Ohr flatterten. Das hatte zur Folge, dass sich meine Emotionen mit den Aktien beschäftigten - und die kalte, klinische Herangehensweise war verschwunden.

Ich beschloss, dass es nur eine Antwort gab. Ich muss versuchen, mich selbst zu finden. Ich muss sofort weggehen, weit weg von New York, bevor ich mein ganzes Geld verliere.

Es gab nur eine Sache, die mich in dieser Zeit vor dem völligen Ruin bewahrte. Und das war, dass sich die Universalkontrollen und Thiokol gut verhielten und ich sie in Ruhe ließ. Heute weiß ich, dass ich das nur getan habe, weil ich zu beschäftigt war, um mich um sie zu kümmern. Ich handelte mit anderen Aktien, mit denen ich Geld verlor.

Ich überprüfte die Situation und entledigte mich aller Aktien außer diesen beiden. Dann nahm ich ein Flugzeug nach Paris. Bevor ich abreiste, traf ich jedoch eine sehr wichtige Entscheidung. Ich gab meinen Maklern die Anweisung, mich niemals anzurufen oder mir ¬unter irgendeinem Vorwand irgendwelche ¬Informationen zu geben¬. Die einzige Kommunikation, die ich von ihnen und von der Wall Street wollte, war mein übliches tägliches Telegramm.

Ich irrte wie betäubt durch Paris, in meinem Kopf schwirrten noch immer verschwommene, sinnlose Börsenkolonnen herum. Meine täglichen Telegramme trafen ein - und sie ergaben für mich nicht viel Sinn. Ich hatte völlig den Faden verloren. Ich fühlte mich wie ein Mann, der einen schrecklichen Unfall hatte und glaubt, nie wieder gesund zu werden. Ich war völlig demoralisiert.

Dann, gerade als ich dachte, mein Zustand sei dauerhaft, geschah etwas. Ich war etwa zwei Wochen in Paris, als ich eines Tages im Hotel Georges V. mein tägliches Telegramm abholte. Als ich es entmutigt überflog, schienen die Zahlen irgendwie weniger düster. Zuerst konnte ich es nicht glauben. Ich spürte, wie ich sie anstarrte, als hätte ich sie noch nie gesehen. Ich fürchtete, dass ich mir die Dinge nur einbildete.

Ich wartete ungeduldig auf das Telegramm vom nächsten Tag. Als ich ¬es erhielt, gab es keinen Zweifel: Die Zahlen waren klarer und vertrauter. Als würde sich ein Schleier lüften, begannen sich erneut Bilder vor meinen Augen zu formen, die mir einen Ausblick auf die Zukunft der Aktie gaben.

In den folgenden Tagen wurden meine Telegramme immer klarer; ich begann, die Kurse zu lesen wie früher. Ich konnte wieder erkennen, dass einige der Aktien stärker, andere schwächer waren. Gleichzeitig begann mein "Gefühl" zurückzukehren. Allmählich gewann ich, wie ein Invalide, mein Vertrauen zurück. Ich fand wieder genug Mut, um mich erneut an den Markt heranzutrauen. Aber ich hatte meine Lektion gelernt. Ich beschloss, es zu einer festen Regel zu machen, dass ich nie wieder ein Maklerbüro aufsuchen durfte. Auch sollte es meinen Maklern verboten werden, zum Telefon zu greifen und mich anzurufen. Ich durfte nur noch Aktienkurse per Kabel erhalten - und sonst nichts.

Selbst wenn ich in das New Yorker Hotel, den Schauplatz meiner verhängnisvollen Geschäfte, zurückkehren würde, das nur eine kurze Taxifahrt von der Wall Street entfernt ist, wären meine Anweisungen unnachgiebig. Ich muss die Wall Street Tausende von Meilen von mir entfernt platzieren. Jeden Tag müssen mir meine Makler ein Telegramm schicken, als wäre ich in Hongkong, Karatschi oder Stockholm.

Außerdem dürfen mir meine Makler niemals irgendwelche Aktien nennen, außer denen, die ich angefordert habe. Sie dürfen mir auch keine neuen Aktien nennen, denn das würde sofort in die Gerüchteküche geraten. Ich suchte mir neue Aktien selbst aus, wie ich es immer getan hatte, indem ich meine wöchentliche Finanzzeitung las. Wenn ich eine Aktie sah, die mich interessierte und die sich auf einen Anstieg vorzubereiten schien, bat ich um Notierungen. Ich würde immer nur eine neue Notierung anfordern. Dann würde ich sie, wie zuvor, sorgfältig prüfen, bevor ich entschied, ob es sich lohnte, in sie einzusteigen.

Wie ein Mann, der einen Flugzeugabsturz überlebt hat und weiß, dass er sofort wieder fliegen muss, um nicht die Nerven zu verlieren, kannte ich nur eine Möglichkeit, diese Methode narrensicher zu machen. Ich buchte mir einen Flug zurück nach New York.

KAPITEL 10. ZWEI MILLIONEN DOLLAR

Als ich in der dritten Februarwoche 1959 nach New York zurückkehrte, hatte ich mich von dem Schock meiner verrückten Zeit vollständig erholt und begann wieder in den Markt zu investieren.

Ich konnte immer noch die blauen Flecken meiner eigenen Dummheit spüren, aber ich war wie ein Mann, der sich nach einer schlechten Erfahrung stärker und besser fühlt. Ich hatte meine letzte Lektion gelernt. Ich wusste jetzt, dass ich mich strikt an das System halten musste, das ich für mich geschaffen hatte. Ich hatte gelernt, dass ich in Schwierigkeiten geraten würde, wenn ich auch nur einmal davon abwich. Meine gesamte Finanzstruktur war sofort in Gefahr - sie konnte wie ein Kartenhaus zusammenbrechen.

Mein erster Schritt in New York war, einen Eisenzaun um mich herum zu errichten, um sicherzustellen, dass ich keinen meiner früheren Fehler wiederholen würde.

Ich beschloss zunächst, meine Geschäfte auf sechs Makler zu verteilen. Auf diese Weise würden meine Geschäfte nicht verfolgt werden. Um ¬mich vor einer möglichen Einmischung zu schützen¬, errichtete ich meine Barriere. Diese Art des Schutzes wende ich auch heute noch an.

Ich habe das folgendermaßen gelöst. Ich bat meine Makler, ihre Telegramme nach Geschäftsschluss an der Wall Street abzuschicken, damit sie mich um 18 Uhr erreichten. Das ist ungefähr die Zeit, zu der ich aufstehe - das Ergebnis jahrelanger Auftritte in Nachtclubs. Währenddessen ist die Telefonistin angewiesen, tagsüber keine Anrufe durchzulassen.

Auf diese Weise geschieht alles in der Wall Street, während ich im Bett liege. Ich schlafe, während sie arbeiten, und sie können mich weder erreichen noch beunruhigen. Mein Delegierter, der Stop-Loss-Auftrag, ¬vertritt mich, falls etwas Unvorhergesehenes passiert.

Um 19 Uhr mache ich mich an die Arbeit, studiere mein tägliches Telegramm und entscheide, wie meine zukünftigen Geschäfte aussehen werden.

Zuvor kaufe ich mir ein Exemplar der Nachmittagszeitung, die die Schlusskurse der Wall Street enthält. Ich reiße die Seiten mit den Kursen des Tages heraus und werfe den Rest des Finanzteils weg. Ich möchte keine Finanzgeschichten oder -kommentare lesen, egal wie gut informiert. Sie könnten mich in die Irre führen.

Dann, mit meinem Telegramm und meiner Seite aus der Zeitung, setze ich mich an die Arbeit, während die Wall Street schläft.

Während der Wochen, die ich damit verbrachte, mein verletztes Vertrauen wiederherzustellen, stiegen die beiden Aktien, die ich nicht verkauft hatte, weiter an, und Universal Controls legte fast ununterbrochen zu, bis es bei etwa 60 stand. Das war ein Anstieg von mehr als 40 % seit meinem letzten Besuch in New York. Thiokol verhielt sich ebenso gut und lag nun bei über 110.

Das war in der Tat sehr vielversprechend. Ich beschloss, dass ich keinen Grund hatte, sie anzufassen. Bewaffnet mit meiner bitteren Erfahrung und gut verschanzt hinter meinem neuen starken Zaun, begann ich, mich mit vorsichtigem Vertrauen auf dem Markt zu bewegen.

Dies waren einige meiner erfolgreichen Operationen:

1,000 ALLGEMEINE REIFEN & GUMMI

Gekauft bei
56 ($56,446.00)

Verkauft zu
69½ ($69,151.01)

Gewinn
$12,705.01

1.000 CENCO-INSTRUMENTE

Gekauft bei
19½ ($19,775.00)

Verkauft zu
23½ ($23,247.63)

Gewinn
$ 3,472.63

500 AMERIKANISCHE FOTOKOPIE

Gekauft bei
71½ ($35,980.75)

Verkauft zu
79½ ($39,570.92)

Gewinn
$ 3,590.17

1.000 UNION OIL OF CALIF

Gekauft bei
46 ($46,420.00)

Verkauft zu
50 ($49,669.00)

Gewinn
$ 3,249.00

500 POLAROID

Gekauft bei
121 ($60,755.50)

Verkauft zu
127 ($63,299.08)

Gewinn
$ 2,543.58

500 BRAUNSCHWEIG-BALKE-COLLENDER

Gekauft bei
71¼ ($35,855.65)

Verkauft zu
77 ($38,322.08)

Gewinn
$ 2,466.43

500 BELL & HO WELL

Gekauft bei
93 ($46,741.50)

Verkauft zu
99¼ ($49,436.81)

Gewinn
$ 2,695.3

Da dies der Aktienmarkt ist, waren nicht alle meine Geschäfte erfolgreich. Eine Reihe von Aktien, die ich gekauft habe, haben sich nicht so verhalten, wie ich es vorhergesagt hatte.

Dies sind einige meiner Transaktionen, die mit einem Verlust endeten:

1.000 CENCO-INSTRUMENTE

Gekauft bei
23 ($23,300.00)

Verkauft zu
22 ($21,755.76)

Verlust
$ 1,544.24

500 REICHHOLD CHEMIKALIEN

Gekauft bei
65 ($32,727.50)

Verkauft zu
63% ($31,703.17)

Verlust
$ 1,024.33

1.000 FANSTEEL

Gekauft bei
63½ ($63,953.50)

Verkauft zu
62 ($61,6S7.96)

Verlust
$ 2,295.54

500 PHILADELPHIA & LESUNG

Gekauft bei
131 ($65,760.50)

Verkauft zu
129¾ ($64,672.79)

Verlust
$ 1,087.71

Diese beiden Tabellen bestätigen meine Methode vollständig. Sie werden feststellen, dass ich in jedem Fall erfolgreich war und im Verhältnis zu den investierten Beträgen mehr Gewinn als Verlust gemacht habe. Bedenken Sie, dass all diese Operationen ausschließlich per Telegramm von New York nach New York erfolgten. Ich hatte meine Broker kein einziges Mal gesehen oder mit ihnen gesprochen. Viele Male während des Handelstages, wenn einige meiner Bestände zu flattern begannen und wie sterbende Vögel ausfielen, muss es sie gejuckt haben, zum Telefon zu greifen und mich zu alarmieren. Sie müssen mich für den größten Trottel der Welt gehalten haben, der ihnen das verbietet. Aber meine Regel war streng. Ich erfuhr die Neuigkeiten - ob gut oder schlecht - jeden Tag um 18.00 Uhr, wenn meine Telegramme eintrafen. Dann begann ich zu handeln.

Während der wenigen Wochen, die ich auf diese Weise in New York verbrachte, begannen sich bei den Universal Controls Anzeichen für Probleme abzuzeichnen. Er begann, seinen stetigen Aufwärtsmarsch zu verlieren. Seine ¬Aktivität und sein Preisanstieg wurden wild - zu wild.

Das bedeutete Ärger, und der kam dann auch. Nach einem ¬Anstieg von 66 in der ersten Märzwoche stieg die Aktie innerhalb von drei Wochen auf 102. An diesem Punkt änderte sie ihre Dynamik und begann in die andere Richtung zu gehen. Dieser Rückgang gefiel mir überhaupt nicht. Sie fiel wie in einem Luftloch und es gab keine Anzeichen für einen Anstieg. Ich hatte kaum Zweifel, dass der Urlaub vorbei war. Wenn ich nicht aufpasste, könnte ich in einen Sturzflug geraten, und so zog ich meinen Stop-Loss bis auf zwei Punkte an den Tagesschlusskurs heran. Am nächsten Morgen wurde ich ¬zu Preisen zwischen 86 % und 89 % aus den Universal Controls verkauft¬. Das waren mehr als 12 Punkte vom Höchststand entfernt. Damit war ich sehr zufrieden. Es gab keinen Grund, warum ich unglücklich sein sollte. Ich hatte eine lange Fahrt hinter mir, und mein Gesamtverkaufspreis betrug 524.669,97 $. Damit hatte ich einen Gewinn von 409.356,48 $ erzielt.

Ich hatte nun ein sehr großes Kapital zu investieren. Ich schaute mir den Markt genau an und suchte wie üblich nach einer aktiv gehandelten, hochpreisigen Aktie. An diesem Punkt trat ein weiteres Problem auf, das die Suche nach einer geeigneten Aktie erschwerte. Bei so viel Geld muss ich aufpassen, dass meine eigenen Käufe den Markt nicht zu sehr beeinflussen.

Nach einiger Suche bin ich auf eine Aktie gestoßen, die all diese schwierigen Anforderungen erfüllt. Es war texas instruments.

Ich kaufte meine ersten 2.000 Aktien zu einem Durchschnittspreis von 94⅜ in der zweiten Aprilwoche und weitere 1.500 zu 97⅛. Da sich die Aktie weiterhin gut entwickelte, habe ich meinen Bestand um 2.000 Aktien aufgestockt.

Der Durchschnittspreis für diesen letzten Kauf betrug 101 %. Dabei ging es, wie Sie wissen, um viel Geld, nämlich um mehr als eine halbe Million Dollar. Die Details meiner Käufe bei Texas Instruments sahen wie folgt aus:

2.000 Aktien zu
94¾ ($189,718.80)

1.500 Aktien zu
97⅞ ($147,544.35)

2.000 Aktien zu
101⅞ ($204,733.80)

Insgesamt 5.500 Aktien
$541,996.95

Nachdem ich das Kapital, das ich aus der universellen Kontrolle herausgenommen hatte, wieder investiert hatte, widmete ich meine Aufmerksamkeit erneut dem Thiokol.

thiokol und ich waren nun langjährige Partner und hatten, wie alle langjährigen Partner, eine besondere Beziehung. Ich hatte thiokol immer einen größeren Spielraum zugestanden als anderen Aktien - zum einen, weil ich diese Aktie wirklich "spürte", zum anderen, weil ich den großen Vorteil hatte, den das spezielle Zeichnungskonto bot.

Es wäre töricht gewesen, ein so einzigartiges Kreditarrangement aufzugeben, also habe ich meinen Trailing-Stop-Loss immer weit hinter dem Anstieg der Aktie gehalten. Das würde ich bei keiner anderen Aktie tun, aber im Fall von Thiokol hat es mich zweimal vor dem Ausverkauf bewahrt. Das zweite Mal war, als die Aktie in der ersten Aprilwoche eine sehr schlechte Reaktion zeigte. Diese Reaktion kam kurz nach der Ankündigung eines Aktiensplits im Verhältnis 3:1. Sie war so heftig, dass ich dachte, wir müssten uns trennen, aber ich beschloss, meinen Stop-Loss entscheiden zu lassen.

Dieser wurde nicht ausgelöst, und auf den Sinkflug folgte schnell ein kräftiger Anstieg. Ich war jedoch nicht der Einzige, dem Thiokol gefiel. Der neue Aktiensplit stieß auf ein hektisches öffentliches Echo, das den Kurs in der ersten Maiwoche auf 72 steigen ließ.

Die Resonanz war zu gut. Das führte zu dieser erstaunlichen Situation:

Seine Aktivität für die Woche war ein unglaubliches Volumen von 549.400 Aktien.

Sein Fortschritt für die Woche war 13¼ Punkte.

Das Handelsvolumen entsprach einem Gesamtwert von 40.000.000 $.

Der Preisunterschied in dieser Woche betrug 7.000.000 $.

Es sah so aus, als ob jeder Händler an der New Yorker Börse die ganze Woche über nichts anderes getan hätte, als in Thiokol hinein- und hinauszueilen.

Natürlich konnte dies nicht von Dauer sein. Die Gouverneure der New Yorker Börse beschlossen, alle Stop-Orders auszusetzen. Dies hatte zur Folge, dass die Mehrheit der Händler die Aktie in Ruhe ließ. Sie wollten keine Aktien kaufen und verkaufen, vor denen sie sich nicht schützen konnten. Das bedeutete auch, dass ich selbst automatisch aus der Aktie ausstieg. Man hatte mir mein mächtigstes Werkzeug genommen, ohne das ich nicht arbeiten konnte.

Ich habe meine Thiokol-Bestände zu einem Durchschnittspreis von 68 verkauft. Damit erhielt ich nach dem 3-für-1-Split über 200 $ für jede meiner ursprünglichen 6.000 Aktien. Insgesamt hatte ich 350.820 $ bezahlt. Für meine 18.000 Split-Aktien erhielt ich 1.212.851,52 $. Mein Gewinn betrug 862.031,52 $.

Die Aussicht, eine Million Dollar wieder auf den Markt zu bringen, stellte ein enormes Problem dar. Ich würde doppelt vorsichtig sein müssen. Das war zu viel Geld, um es einfach in eine andere Aktie umzuschichten. Es handelte sich um eine so große Summe, dass mein Kauf zwangsläufig den Markt beeinflussen würde.

Ich musste mich auch damit abfinden, dass mein Stop-Loss nicht mehr praktikabel war, denn kein Händler oder Spezialist würde eine so große Menge an Aktien in wenigen Sekunden absorbieren.

Da gab es nur eines zu tun: Ich beschloss, meinen Fonds in zwei Teile aufzuteilen. Nachdem ich mich dazu entschlossen hatte, war die Auswahl vergleichsweise einfach. Ich musste mich nur zwischen vier Aktien entscheiden:

ZENITH RADIO, LITTON INDUSTRIES, FAIRCHILD CAMERA und BECKMAN INSTRUMENTS.

Ich hatte mir alle diese Filme lange Zeit angesehen. Sie waren alle ¬geeignet, was meine techno-fundamentalistischen Theorien anging. Jetzt musste ich nur noch herausfinden, für welche beiden ich mich entscheiden sollte. Dafür gab es nur eine Möglichkeit: die Stärke auf dem Markt entscheiden zu lassen.

Mit Hilfe der Technik, die ich so erfolgreich bei den Universalkontrollen und Thiokol angewandt hatte, kaufte ich am 13. Mai 1959 als Pilot alle vier:

500 Aktien zenith radio at
104 ($52,247)

500 Aktien beckman instruments at
66 ($3 3,228)

500 Aktien fairchild camera at
128 ($64,259)

500 Aktien litton industries at
112 ($ 56,251)

Für jede dieser Aktien habe ich eine Stop-Loss-Order von 10 Prozent unter dem Kaufkurs gesetzt.

Ich war mir durchaus bewusst, dass diese Stop-Losses vage und zu mechanisch waren. Es war eine bewusste, wenn auch unbeholfene Methode. Ich habe dieses System absichtlich angewandt, weil ich wusste, dass es früher oder später die vier schwächsten Titel ausschließen würde.

Am 18. Mai wurde ich bei 60 aus Beckman Instruments ausgestoppt, und am 19. Mai beschloss ich, Litton Industries, das sich schlechter als die anderen entwickelte, zu 106¼ zu verkaufen. Jetzt habe ich meine Stop-Losses für die übrigen Aktien angepasst.

Es war in der vierten Maiwoche, als ich mehr als 1.000.000 $ in die beiden stärkeren Aktien umschichtete. Dies waren meine gesamten Käufe:

ZENITH RADIO

500 Aktien zu
104 ($52,247.00)

1.500 Aktien zu
99¾ ($ 150,359.70)

1.000 Aktien zu
104 ($104,494.00)

1.000 Aktien zu
105¼ ($105,745.30)

1.500 Aktien zu
107½ ($161,996.25)

Insgesamt 5.500 Aktien
$574,842.25

FAIRCHILD-KAMERA

500 Aktien zu
128 ($64,259.00)

1.000 Aktien zu
123¼ ($123,763.30)

1.000 Aktien zu
125 ($125,515.00)

1.000 Aktien zu
126¼ ($ 126,766.30)

1.000 Aktien zu
127 ($127,517.00)

Insgesamt 4.500 Aktien
$567,820.60

Abgesehen von meinen kurzfristigen Geschäften wurden meine Gelder auf folgende Weise von Aktie zu Aktie umgeschichtet:

März-April 1959

Verkauft
UNIVERSALSTEUERUNGEN
$ 524,670

Gekauft
TEXANISCHE INSTRUMENTE
$ 541,997

Mai 1959

Verkauft
THIOKOL-CHEMIE
$1,212,850

Gekauft
ZENITHRADIO
$ 574,842

Gekauft
FAIRCHILD-KAMERA
$ 567,821

Insgesamt erhalten
$1,737,520

Margin-Schulden
274,600
$1,462,920

Verfügbare Mittel aus früheren Operationen
274,600

Verfügbar für Reinvestitionen
$1,532,920

Insgesamt reinvestiert (bei 90% Marge)
$1,684,660

Damals hatte ich sechs Makler. Ich schloss mein Konto bei drei von ihnen. Dann lehnte ich mich zurück und beobachtete die Aktien, die ich hielt. Es gab für mich nichts anderes zu tun, während Texas Instruments, Zenith Radio und Fairchild Camera für mich arbeiteten.

Im Juni flatterten die Telegramme zwischen der Wall Street und dem Plaza Hotel hin und her. Für die Betreiber der ¬Western Union waren sie bedeutungslos, aber für mich waren sie voller Bedeutung. Am 9. Juni erhielt ich zum Beispiel das folgende Telegramm:

"Z 122½ (124-116¾) T 119¼ (121½-117¼) F 125 (126-121)"

Das Telegramm vom nächsten Tag lautete:

"Z 132⅜ (132½-125) T 123¾ (123⅞-120⅜) F 130 (130-126½)"

Für den Betreiber waren es langweilige, bedeutungslose Hieroglyphen, aber für mich bedeuteten sie eine Menge. Sie sagten mir, dass der Wert meiner Anlagen an diesem einen Tag um 100.000 Dollar gestiegen war!

Es begann ein seltsames Leben zu werden. Ich saß jeden Abend auf der Plaza, las mein Telegramm und ordnete es ein. Es gab nichts mehr, was ich tun konnte. Ich fühlte mich beschwingt und ruhelos, aber machtlos. Ich war wie ein Wissenschaftler, der nach jahrelanger Arbeit und Forschung eine Rakete erfolgreich zum Mond gebracht hat und nun, während er sie höher und höher steigen sieht, ein gewaltiges Gefühl der Errungenschaft und gleichzeitig ein seltsames Gefühl der Untätigkeit verspürt.

Wie er stand ich nun an der Seitenlinie und hielt Wache, während meine Aktien wie gut gemachte Raketen immer weiter stiegen.

Dann erhielt ich eines Tages Anfang Juli ein Angebot, im "Sporting Club" in Monte Carlo aufzutreten. Ich nahm es gerne an. Das Stillsitzen begann mich nach all den nervenaufreibenden Problemen und Paniken der Vergangenheit ein wenig zu langweilen.

Bevor ich mich auf den Weg machte, um New York zu verlassen, bat ich meine Makler, mich zu treffen. Ich ging mit jedem von ihnen meine Konten durch. Ich stellte fest, dass ich meine Aktien für mehr als 2.250.000 Dollar veräußern könnte, wenn ich sie vor meinem Flug nach Europa verkaufen würde.

Was habe ich bei dieser Nachricht empfunden? Hochgefühl? Aufregung darüber, dass ich nun mehr als zweimal Millionär war? Nicht ganz. Ich war glücklich, aber nicht aufgeregt. Ich war viel aufgeregter gewesen, als ich meine ersten 10.000 Dollar aus dem Diner's Club gewonnen hatte. Diesmal fühlte ich mich eher wie ein Läufer, der fleißig trainiert und viele Niederlagen erlitten hat und nun zum Sieg trabt.

Ich stand auch vor dem gleichen Dilemma, das ich schon vorher kannte: Soll ich verkaufen? Sollte ich ganz aussteigen?

Diesmal war die Antwort einfach. Es war die altbewährte und vertraute Antwort: Ich hatte keinen Grund, eine steigende Aktie zu verkaufen. Ich würde einfach weiter mit dem Trend mitlaufen und meinen Stop-Loss hinter mir herziehen. Wenn der Trend anstieg, kaufte ich mehr. Und wenn sich der Trend umkehrte? Ich würde, wie immer, wie ein gestörter Einbrecher fliehen.

Ich habe alle meine Aktien mit neuen Stopp-Loss-Positionen versehen, so dass ich im Falle eines Kursrückgangs auf dem Weg nach Europa aus dem Markt genommen würde und meine zwei Millionen intakt blieben.

Ich fühlte mich zufrieden und sicher, als ich in einem Taxi die Fifth Avenue hinauffuhr, nachdem ich meine Makler verlassen hatte.

Ich ging in die Lobby des Plaza Hotels, kaufte automatisch eine Abendzeitung, riss die Schlusskurse der Wall Street heraus, warf den Rest der Zeitung weg, holte mein 18-Uhr-Telegramm ab und fuhr mit dem Aufzug hoch.

In meinem Zimmer öffnete ich das Telegramm, breitete das Zeitungsblatt aus und lehnte mich mit einem glücklichen Seufzer zurück. Nicht nur, weil ich zwei Millionen Dollar verdient hatte, sondern weil ich das tat, was ich am liebsten tat.

Ich habe gearbeitet, während die Wall Street schlief.